Guido König / Helmut Weyand

Grammatik: richtig
Band I

Text- und Testbuch
Sekundarstufe I

Für Schule und Elternhaus
Für Einzel-, Partner- und Gruppenarbeit

Schwann

Inhaltsverzeichnis

Lehrervorwort 4

Schülerinformation 5

«SAGEN UND HANDELN»

Die Leistungseinheiten der deutschen Sprache
Lernziel: 5 *Funktionsgrößen* bilden eine „Arbeitsgemeinschaft"

1. Text als Kommunikationseinheit im Rahmen der Rede 6
Lernziel: Ein Text ist ein Mittel zum Zweck der Verständigung

Textbeispiele:
Aufgewacht ihr Siebenschläfer — Info 1: Der Text 6
Das Donautal / Der Mensch im Urwald 7

2. Satz als Bestimmungseinheit im Rahmen des Textes 8
Lernziel: Ein Satz ist der Träger der Sinnaussage

Textbeispiele:
Der Knalleffekt — Info 2: Der Satz 8
Ver-rückte Sprichwörter 9

3. Satzglied als Funktionseinheit im Rahmen des Satzes 10
Lernziel: Ein Satzglied ist ein Bestandteil der Satzgestalt

Textbeispiele:
Tischtennis — ein Sport für alle — Info 3: Das Satzglied . 10
Satzkernspiel 11

4. Wort als Bezeichnungseinheit im Rahmen des Satzgliedes 12
Lernziel: Ein Wort ist ein Sprachzeichen mit Form und Inhalt

Textbeispiele:
Internationale Sprichwortweisheiten — Info 4: Das Wort . 12
Vorsicht Wörterschlangen 13

5. Silbe als Bedeutungseinheit im Rahmen des Wortes 14
Lernziel: Eine Sprachsilbe ist das kleinste Bedeutungselement

Textbeispiele:
Stamm-/Beugungs-/Bildungssilben — Info 5: Die Sprachsilben 14
Rund ums Fahren 15

«WORT FÜR WORT»

Die Grundeinheiten der deutschen Sprache
Lernziel: 5 *Wortklassen* bilden eine „Arbeitsgemeinschaft"

1. Nomen oder Nennwörter

● Einteilung der Nomen 16
Lernziel: Wie Nennwörter eingeteilt sind

Textbeispiele:
Die fernen Inseln — Info 6: Einteilung der Nomen 16
Art und Gattung / Artnamen — Sammelnamen / Kettenreaktion 17
Ungewöhnliche Berufsnamen / Tiere leihen ihren Namen aus 18
Heiteres Beruferaten / Bilderrätsel / Zeichensprache ... 19

● Bildung neuer Nomen 20
Lernziel: Wie Nennwörter gebildet werden

Textbeispiele:
Weltgeschichte aus dem Äther — Info 7: Bildung neuer Nomen 20
Lehnwörter / Fremdwörter 21
Am Fußgängerüberweg — Info 8: Bildung neuer Nomen . 22
Rollentausch 23
Wortwechsel 24

● Gestaltform der Nomen 25
Lernziel: Wie Nennwörter aussehen

Textbeispiele:
Witzkiste — Info 9: Gestaltform der Nomen 25
Die Deklination der Nomen (stark/schwach) 26
Witze mit Pfiff (Kasus/Numerus) 27

● Bedeutungsinhalt der Nomen 28
Lernziel: Was Nennwörter bedeuten

Textbeispiele:
Das Pferd — Info 10: Bedeutungsinhalt der Nomen ... 28
Das Ding und seine Bezeichnung: eine Wortreihe 29
Eine Menge Wörter — eine Reihe Bedeutungsmerkmale: das Wortfeld 30

● Funktionswert der Nomen 31
Lernziel: Was Nennwörter leisten

Textbeispiele:
Im Namen des Fortschritts — Info 11: Funktionswert des Nomens 31
Dall-Geschichten 32

● Wirkungsweise der Nomen 33
Lernziel: Was Nennwörter bewirken

Textbeispiele:
Wichtige Hinweise für Fahrzeughalter — Info 12: Wirkungsweise des Nomens 33
Stilübungen (Verbal- und Nominalstil) 34

2. Verben oder Aussagewörter

● Einteilung der Verben 35
Lernziel: Wie Aussagewörter eingeteilt sind

Textbeispiele:
Ein Roboterleben — Info 13: Einteilung der Verben I . . . 35
Ausgleichstraining — Infinite Verbformen 36
Erst gurten, dann starten! — Info 14: Einteilung
der Verben II 37
Modalverbkreisel / Aktionsarten des Verbs 38

● **Bildung der Verben** 39
Lernziel: Wie Aussagewörter gebildet werden

Textbeispiele:
Verben zusammengesetzt — Info 15: Bildung der Verben 39
Die Ableitung des Verbs 40

● **Gestaltform der Verben**
Lernziel: Wie Aussagewörter aussehen

Textbeispiele:
Robinson und Freitag — Info 16: Gestaltform der Verben 41
Nennform — Bestimmform 42

● **Bedeutungsinhalt der Verben** 43
Lernziel: Was Aussagewörter bedeuten

Textbeispiele:
Wissenswertes übers Wortfeld — Info 17: Bedeutungs-
inhalt der Verben 43
Das Verb im Wortfeld 44

● **Funktionswert der Verben** 45
Lernziel: Was Aussagewörter leisten

Textbeispiele:
Redensarten — Info 18: Funktionswert der Verben 45
Stilblüten 46
Der Hecht und der Aal — Info 19: Tempusform
der Verben 47
Es darf konjugiert werden 48
Die Stammzeiten der starken Verben 49
Das Partizip Perfekt 50
ICH — DU — ER/SIE/ES-Gedichte — Info 20: Personal-/
Zahlform der Verben 51
Viele Fragen rund ums Dreieck 52
Elefant ist ausgebrochen — Info 21: Gestaltform
der Verben 53
Verschieden gesehen — anders gesagt
(Aktiv — Passiv) 54
Der alte Wolf und der Schäfer — Info 22: Modusform
der Verben 55
Indikativ und Konjunktiv / Indikativ und Imperativ 56
Wortliste: Indikativ — Konjunktiv 56

● **Wirkungsweise der Verben** 57
Lernziel: Was Aussagewörter bewirken

Textbeispiele:
Im Bergwerk — Info 23: Wirkungsweise des Verbs 57

3. Adjektive oder Beiwörter (Adnomen und Adverben)

● **Einteilung und Bildung der Adjektive** 58
Lernziel: Wie Beiwörter eingeteilt und gebildet werden

Textbeispiele:
Neues vom Automarkt — Info 24: Einteilung und Bildung
der Adjektive 58

● **Gestaltform der Adjektive** 59
Lernziel: Wie Beiwörter aussehen

Textbeispiele:
Neues aus dem Spielzeugladen — Info 25: Gestaltform
des Adjektivs 59
Steigerungen / Suffix-Puzzle 60

● **Bedeutungsinhalt der Adjektive**
Lernziel: Was Beiwörter bedeuten

Textbeispiele:
Waldblumen — Info 26: Bedeutungsinhalt des Adjektivs . 61
Der kleine Unterschied: das Suffix / das Adjektiv
im Wortfeld 62

● **Funktionswert der Adjektive** 63
Lernziel: Was Beiwörter leisten

Textbeispiele:
Eine Fabrikbesichtigung um 1830 — Info 27: Funktions-
wert der Beiwörter 63
Jugend drüben: Schulregeln in der UdSSR — Info 28:
Funktionswert der Beiwörter 64

● **Wirkungsweise der Adjektive** 65
Lernziel: Was Beiwörter bewirken

Textbeispiele:
Rötlich fahler Luchs — Info 29: Wirkungsweise des
Adjektivs 65

4. Pronomen oder Fürwörter (Begleiter und Stellvertreter)

● **Einteilung, Gestaltform und Bedeutungsinhalt
der Pronomen** 66
Lernziel: Wie Fürwörter eingeteilt sind, wie sie aussehen,
was sie bedeuten

● **Funktions- und Wirkungswert der Pronomen** . . . 66
Lernziel: Was Fürwörter leisten und bewirken

Textbeispiele:
Ein Käfer geht aufs Ganze — Info 30: Der Stellvertreter:
das Pronomen 66

5. Partikel oder Bezugswörter (Lagewörter und Fügewörter)

● **Einteilung der Partikel** 67
Lernziel: Wie Bezugswörter eingeteilt sind

● **Bedeutungsinhalt und Funktionswert der
Lagewörter** 67
Lernziel: Was Lagewörter bedeuten und leisten

Textbeispiele:
Tötftöff — Info 31: Der Sachlage dienlich: Lagewörter . . 67

● **Bedeutungsinhalt und Funktionswert der
Fügewörter** 68
Lernziel: Was Fügewörter bedeuten und leisten

Textbeispiele:
Rund um Rad und Rolle — Info 32: Im Ordnungsdienst:
Fügewörter 68

Verzeichnis der grammatischen Fachausdrücke

Lehrervorwort

„Grammatik: richtig" ist ein grammatisches Text- und Testbuch zum heutigen Deutsch. Seine beiden Bände stellen eine praktische Sprachlehre dar. Sie wollen dem Schüler helfen, sprachliche Gestalten und Leistungen zu erkennen, zu verstehen, grammatische Erscheinungen und Gesetzmäßigkeiten zu überprüfen und zu vertiefen. Dieses Schülerarbeitsbuch will Defizite der Sprachreflexion abbauen und den Unterricht der grammatischen Fraglosigkeit infragestellen. Der übliche stoffbeflissene Vollständigkeitsperfektionismus wird nicht angestrebt, wenngleich auf Übereinstimmung mit den geltenden Richtlinien und Lehrplänen streng geachtet wird.

Die meisten der vorliegenden Schulgrammatiken transportieren herkömmliche, formalistische Grammatik und bringen sie darüber hinaus auch noch schematisch an den Schüler heran. „Grammatik: richtig" dagegen nimmt sich eines heute vielfach vernachlässigten Lernfeldes des Sprachunterrichtes an und versucht eine ehrliche Antwort auf die Frage: Wieviel Grammatik braucht ein Schüler? Sie kann nur lauten: So wenig wie möglich und so viel wie nötig. Eine solche Formel kennzeichnet auch die beiden didaktischen Lager, die sich von Zeit zu Zeit (und zur Zeit!) kritisch gegenüberstehen.

So wenig wie möglich Grammatik sagen die Kommunikationsdidaktiker, die vornehmlich dem „Inhalt" der sprachlichen Äußerung das Wort reden und die den Schüler optimal mit dem Handlungsinstrument Sprache mittels partnertaktischer Sprachverhaltensprogramme und Sprechstrategien ausstatten wollen. Grammatik so viel wie nötig sagen die Funktionalisten unter den Sprachdidaktikern, die den Schüler zwar auch zum sprachlichen Handeln und Denken, zu Verständigungsbereitschaft und Kommunikationsfähigkeit erziehen wollen, dabei aber bestrebt sind, auch die „Form" der sprachlichen Äußerung durchsichtig zu machen. „Grammatik: richtig" vertritt diesen wissenschaftlichen Standpunkt und strebt dessen fachdidaktische Ziele an.

Als Gebrauchsgrammatik für Schule und Elternhaus versucht „Grammatik: richtig", dem Funktionszusammenhang von Form — Inhalt — Leistung — Wirkung der Sprache einen gebührenden Stellenwert im Lehrplan zu verschaffen und einen angemessenen Spielraum am Lernort des Unterrichtes einzuräumen. In ihren einzelnen Lernsequenzen zum funktionalen Sprachtraining sind unsere Materialien der deutschen Grammatik „verpflichtet", wie sie **Johannes Erben** in seinem großen „Abriß der deutschen Grammatik" bzw. in dem kleinen „Leitfaden zur deutschen Grammatik" in sprachwissenschaftlicher Strenge zusammenfassend niedergelegt, für sprachunterrichtliche Umsetzung bzw. zum sprachpraktischen Gebrauch bereitgestellt hat. Dieses Text- und Testbuch zum Sprachunterricht bleibt aber auch stets bezogen auf die sogenannte Duden-Grammatik (Band 4), die **Paul Grebe** als die umfassendste Standardgrammatik des heutigen Deutsch herausgegeben hat. Insgesamt kann man sagen, daß diese flankierende grammatische Maßnahme innerhalb der „konzertierten Aktion" des Sprachunterrichtes eine sogenannte Kompromißgrammatik bietet, der es darum geht, Form und Stellung des Wortes, Sinn und Funktion des Satzes und Vielfalt und Wirkung des Textes einsichtig und verfügbar zu machen. Demnach gliedert sich unser Trainingsbuch der deutschen Grammatik auf klassische Weise in — **Wortgrammatik**, unterteilt in Wortartenlehre und Wortformenlehre, — **Satzgrammatik,** unterteilt in Satzartenlehre und Satzgliederungslehre, — **Textgrammatik,** unterteilt in Textformenlehre und Textsortenlehre.

In curricularer Hinsicht wurde aus bewährt didaktischen Gründen der Aufbau einer synthetischen Anordnung gewählt. Wort — Satz — Text. Der Lehrgang geht aus von den einfacheren, kleineren Spracheinheiten, führt über die komplexen, größeren zu den komplizierten, größten Momenten der sprachlichen Äußerung und Struktur. Dabei ist hervorzuheben, daß es sich um eine didaktische Spirale handelt, bei der die nächsthöhere Schleife das bereits Behandelte in die neue Betrachtungsweise hinüberrettet und auf den nachfolgenden Lerninhalt verweist.

In einer gewissen Analogie zu den Sachprinzipien der Grammatik (nämlich Übersicht über die sprachlichen Grunderscheinungen und Einsicht in die sprachlichen Aufbaugesetze zu vermitteln) ist dieses grammatische Arbeitsbuch sowohl in der Stoffdarbietung überschaubar gegliedert wie auch in der Aufgabenstellung einsehbar nachzuvollziehen.

In drei graphisch abgehobenen Blöcken erscheinen drei unterschiedliche Bearbeitungseinheiten, die in ihrer inhaltlichen Füllung von den verschiedensten Kategorien geprägt und in der formalen Behandlung von den unterschiedlichsten Verfahren bestimmt werden.

Im Textblock wird zunächst eine bestimmte Textsorte vorgestellt. Sie dient thematisch und methodisch als Einstieg in den Problemzusammenhang. Dabei ist der jeweilige Text so ausgewählt und angeordnet, daß der grammatische Fall prägnant hervorgehoben erscheint. Innerhalb der gleichen Blockrahmung ist darüberhinaus eine grundlegende Information gegeben, die das Untersuchungsergebnis der exemplarischen Sprachanalyse liefert.

Die Übungsleiste (als Sammlung sprachlicher Ausdrücke in Wort und Satz) bietet den grammatikalischen Befund in einem Ordnungsschema an, das die gewonnene Einsicht im „Sprachspiel" durchführt und einübt. Durch richtige Handhabung soll der funktionale Zusammenhang von Form, Inhalt und Leistung erkannt und der Trainingseffekt sichergestellt werden.

Die in der Querleiste enthaltenen Arbeitsaufträge beziehen sich jeweils auf die beiden Lernfelder einer Leistungseinheit. Jede Lernsequenz besteht in der Regel aus zwei Funktionseinheiten, die zwar inhaltlich als Reflexion über Sprache zusammengehalten werden, aber methodisch aus Gründen der stofflichen Eigenart und der Erkenntnisabsicht voneinander abgehoben sind. Auf Befunde der grammatischen Analyse folgen Aufgaben zur grammatischen Synthese. Der Analyseschritt stellt, sprachdidaktisch gesehen, die sogenannte Sprachbetrachtung dar. In einem ersten Arbeitsgang der grammatischen Reflexion wird ein „problemhaltiger" Einstiegstext in seiner Ganzheit aufgenommen, in seine sprachlichen Teile zerlegt, hinsichtlich des jeweiligen Lernfalls untersucht und in seinem Informationsgehalt zusammengefaßt. Der nun folgende Syntheseschritt ist als Sprachgestaltung im Sinne grammatischer Anwendung zu verstehen. In diesem Arbeitsgang werden isolierte Spracheinheiten und grammatische Einzelelemente so dargeboten, daß sie in kreativer Anordnung und spielerischer Veränderung zu sprachlichen Größen verbunden, zu grammatischen Strukturen vereinigt und zu Ganztexten verarbeitet werden. Anders gesagt: die sprachlichen Einzelzeichen werden zu syntaktischen Ketten verknüpft, zu semantischen Feldern zusammengestellt und zu pragmatischen Sinnsetzungen ausgerichtet.

Diese kleine Skizze zur Didaktik von **„Grammatik: richtig"** mag indessen genügen, den Lehrer über Inhalt und Aufbau, Sinn und Zweck dieses Schülerarbeitsmittels zu informieren. Eine ausführlichere, sprachwissenschaftliche Begründung und didaktische Rechtfertigung sowie ins einzelne gehende methodische Anleitung bleibt einer Handreichung vorbehalten, die zu diesem Unterrichtswerk gehört und vom Lehrer durch den Verlag bezogen werden kann (**„Grammatik: richtig"** — unterrichtspraktische Hinweise und Vorschläge, Bestellnummer 102 88)

Schülerinformation

Die Verfasser können verstehen, daß Du der Meinung bist, Grammatik sei ebenso lästig wie überflüssig und könne ohne weiteres aus dem Lehrplan der Schule gestrichen werden. Denn ganz bestimmt hast Du die Erfahrung gemacht, daß grammatische Aufgaben und sprachliche Übungen stumpfsinnig und langweilig sein können.

Doch so einfach liegen die Dinge nicht. Gerade weil wir Deine Einwände und Bedenken ernst nehmen, solltest Du unsere Auffassung über Grammatik kennenlernen und in Deine Überlegungen einbeziehen. Wir sind davon überzeugt, daß auch die Beschäftigung mit der Muttersprache ihren Wert hat und daß Du daraus für Dein Sprachverhalten Gewinn ziehen kannst.

Wieso wirst Du fragen?

Wohl: Eine Grammatik des Deutschen beschreibt die deutsche Sprache. Und dabei kann sie aber nicht beim bloßen Feststellen aller „Zufälligkeiten" des Redens und Schreibens stehenbleiben, sondern muß notwendigerweise zu den „Gesetzmäßigkeiten" von Sprachsystem und Sprachgebrauch vordringen. Die Erkenntnisse, die auf solche Weise von der Sprachwissenschaft zutage gefördert wurden, sollen Dir an „mustergültigen Beispielen" bzw. „beispielhaften Musterfällen" im Deutschunterricht vermittelt werden. Einsicht in die Bauweisen, Leistungsformen und Gebrauchsregeln Deiner Muttersprache zu gewinnen wird auf diese Weise zu einem lohnenden Ziel. Entscheidend ist es dabei, diese Arbeit in spielerischer und lustiger Form zu gestalten.

„Grammatik: richtig" möchte Dir dies durch interessantes Lernen an Lehrstoffen schmackhaft machen, die auf den ersten Blick spröde erscheinen, auch vielfach langweilig dargeboten worden sind.

Der Lehrgang selbst ist einfach aufgebaut und leicht zu durchlaufen. Am Anfang jeder Grammatiklektion liest Du einen Einstiegstext mit wissenswertem Inhalt und unterhaltsamer Form. Was daran grammatisch interessant und lernenswert ist, weißt Du einerseits aus dem üblichen Sprachunterricht, wird andererseits durch den dazugehörigen Arbeitsauftrag aufgefrischt und darüber hinaus in einem Informationsblock als Ergebnis der Sprachbetrachtung zusammengefaßt. In den folgenden Lernfolgen trainierst, festigst und sicherst Du das gewonnene grammatische Können und Wissen durch, wie wir hoffen, abwechslungsreiche und kurzweilige Anwendungen und Übungen. Auch dies wird Dir leicht gelingen, wenn Du die entsprechenden Arbeitsaufträge aufmerksam liest.

Zu beherzigen ist auch folgendes: Um grammatisch fit zu bleiben oder zu werden, solltest Du nicht stundenlang Trainingsspiele machen und Übungsrätsel lösen, sondern Dir regelmäßig kleine Portionen in kurzen Zeitabständen vornehmen. Ein solches Konditionstraining trägt dazu bei, auf die Dauer Deinen Sprachverstand zu schärfen und mit der Zeit Dein Sprachgefühl zu verfeinern, so daß Du mit Sicherheit und Leichtigkeit erfolgreich und wirkungsvoll mit anderen reden kannst.

Daß Du die jeweilige grammatische Klassenaufgabe oder die sprachliche Hausarbeit zu einer bestimmten Zeit und an einem aufgeräumten Arbeitsplatz in Ruhe und ungestört erledigen solltest, ist zwar auch eine Selbstverständlichkeit, sei Dir aber doch noch einmal in Erinnerung gerufen.

Zum Schluß noch einen praktischen Vorschlag zum Umgang mit dem Schülerarbeitsbuch „Grammatik: richtig": Zum Beispiel möchtest Du Dir zur Wiederholung für die Sprachlehre, zur Vertiefung der Gesprächserziehung oder als Hilfe für eine Textinterpretation klar machen, was Begriff, Gestalt und Leistung der grammatischen Einheit „Satz" ausmacht. „Grammatik: richtig", Band 1, Seite 2 und 3, bietet Dir einen unmittelbaren Einstieg in die Beschäftigung mit der gefragten sprachlichen Erscheinung: Durch Einsicht und Übung erfolgt ein erster Zugriff auf dieses wichtige Sprachmittel und seine praktischen Möglichkeiten. Ein Blick in den Lernzielkatalog verweist, je nach Erkenntnisabsicht, auf die Sageform oder Aussageweise des Satzes (Indikativ, Konjunktiv, Imperativ). Der Informationstext, Seite 55, und die entsprechenden Gestaltungsaufgaben auf den folgenden Seiten geben durch ihre Bearbeitung vertiefte Einsicht und festigende Übung. Ins Zentrum der Satzlehre führt sodann das Kapitel über die Satzarten und Satzformen, wie sie in Band 2, Seite 6, dargestellt werden. Von hier aus können schließlich je nach Interessenlage und Aufgabenstellung im Vor- oder Rückgriff Einzelheiten über den Satz „erkundet" werden.

Ein anderes Beispiel stammt aus der Wortlehre.

Zu einer ersten Einsicht in das Wesen der grammatischen Einheit „Wort" verhilft das Studium der Seiten 12 und 13, Band 1. Differenziertere Kenntnisse und Fertigkeiten vermitteln über die Wortart Nomen beispielsweise die Betrachtungs- und Gestaltungsseiten ab Seite 16. Je nach Betrachtungsgesichtspunkt und Gestaltungsabsicht erfährst Du, wie die Nennwörter eingeteilt und gebildet werden oder was sie bedeuten, leisten und bewirken.

Über die Verwandtschaftsbeziehungen und die Arbeitsgemeinschaft des Nomens mit den Adnomen (Eigenschaftswörtern) und Pronomen (Fürwörtern) erfährst Du im Band 1 Weiteres und Näheres. Der Band 2 unseres Arbeitsbuches, Abteilung Textgrammatik, gibt über Gestalt und Leistung der Nomen, Adnomen, Pronomen im Rahmen einer bestimmten Textsorte genauere Auskunft und tieferen Aufschluß.

Wichtiger Arbeitshinweis in jedem Fall! Weil die Fachausdrücke der grammatischen Beschreibungssprache von Bundesland zu Bundesland, ja von Schule zu Schule anders sein können, solltest Du immer das Verzeichnis der lateinischen und deutschen Fachausdrücke auf der Innenseite des Buchdeckels benutzen. Hier findest Du hilfreiche Erläuterungen zu den oft verwirrenden Namen für grammatische Sachverhalte.

Alles in allem: Durch vertrauten Umgang mit Deinem Grammatikbuch und mit Hilfe von Lehrern oder Mitschülern, Eltern oder Geschwistern wirst Du durch gezieltes Fragen, eifriges Studium und sicherndes Üben zu jener grammatischen Fitness kommen, die einerseits den schulischen Anforderungen Genüge tut und andererseits Deine persönliche Bereitschaft und Fähigkeit zur Kommunikation mitfördern und weiter festigen hilft. Soviel kann hinsichtlich Deiner grammatischen Erfolgserlebnisse sicherlich ohne Übertreibung gesagt werden: Wenn der jeweilige Einstiegstext „zum Erstaunen", der dazugehörige Informationsblock „zum Begreifen" und die einzelnen Übungsaufgaben „zum Vergnügen" beitragen, dann wird sich auch das einstellen, was Du Dir selbst wünschst, was Eltern sich erhoffen, was Lehrer erwarten und was zum Schluß Dir Grammatix, Dein Wegbegleiter durch dieses Text- und Testbuch der deutschen Sprache, zuruft:

„Grammatik: richtig"!

TEXTGRAMMATIK

AUFGEWACHT IHR SIEBENSCHLÄFER

IM APRIL IST DER WINTERSCHLAF BEI ALLEN WARMBLÜTLERN DEN SÄUGETIEREN VORBEI AUCH DIE WINTERSTARRE DER WECHSELWARMEN GESCHÖPFE WIE ZUM BEISPIEL DER LURCHE DER SCHLANGEN UND DER EIDECHSEN GEHT ZU ENDE SELBST AUSGESPROCHENE LANGSCHLÄFER WIE DER SIEBENSCHLÄFER KOMMEN WIEDER ANS TAGESLICHT FAST BIS AN DEN GEFRIERPUNKT IST BEI MANCHEN TIEREN DIE KÖRPERTEMPERATUR WÄHREND DES WINTERS GESUNKEN UND DER KÖRPER ARBEITET AUF „SPARBETRIEB" DAS IGELHERZ ZUM BEISPIEL SCHLÄGT NUR 20 MAL IN DER MINUTE STATT 194 MAL WIE IM SOMMER DER IGEL IST ABGEMAGERT WENN ER AUFWACHT DAS FETTPOLSTER GENANNT SCHLAFDRÜSE ZWISCHEN SEINEN SCHULTERBLÄTTERN IST ENDE MAI FAST AUFGEBRAUCHT ABER SCHON IM JUNI FRISST ER SICH WIEDER VORRAT AN FÜR DEN NÄCHSTEN WINTERSCHLAF WINTERSTARRE WINTERSCHLAF UND WINTERRUHE SIND SCHUTZMASSNAHMEN DER NATUR NUR DANK DIESEN KÖNNEN SICH IN UNSEREN KALTEN KLIMAZONEN TIERE ERHALTEN DIE NICHT WIE ZUGVÖGEL IN WÄRMERE GEGENDEN AUSWEICHEN GROSSE SÄUGETIERE ÜBERLEBEN AUCH IN EIS UND SCHNEE

TEXT

Siebenschläfer
Winterschlaf
Warmblütler
Säugetiere
Winterstarre
Langschläfer
Gefrierpunkt
Körpertemperatur
Sparbetrieb
Igelherz
Fettpolster
Vorrat
Winterruhe
Schutzmaßnahmen
Klimazone
Zugvögel
Igel

✱

wechselwarm
abgemagert
kalt
warm
groß
ausgesprochen

✱

zu Ende gehen
ans Tageslicht kommen

✱

sinken
arbeiten
schlagen
abmagern
aufbrauchen
fressen

✱

Vorrat anfressen
erhalten
ausweichen
überleben

aufwachen!

Bei mir geht der Winterschlaf nahtlos in die Frühjahrsmüdigkeit über

INFO 1: Der Text

1. Ein Text ist eine gedanklich-sprachlich geordnete Informationsmenge zu einem Sachverhalt.
2. In einer Grobgliederung läßt sich der Gesamttext in Textabschnitte einteilen.
   Unser Textbeispiel ist nach drei Gesichtspunkten der Sachbetrachtung aufgebaut:
   - Tiere als Winterschläfer ● Umstände der Überwinterung
   - Gründe für Winterschlaf.

   Oder anders gesagt: Die einzelnen Textabschnitte sind die Antworten auf drei Sachfragen:
   - Wer zählt zu den Winterschläfern? ● Wie überwintern Winterschläfer? ● Warum halten Tiere Winterschlaf?
3. In einer Feingliederung lassen sich wiederum die einzelnen Textabschnitte in Sätze unterteilen:
   - Große gedankliche Schritte ergeben sprachlich Gesamtsätze. Es sind die komplizierten Satzgefüge und Satzverbindungen, die durch Satzbinnenzeichen (Komma, Strichpunkt ...) gegliedert werden.
   - Kleine gedankliche Schritte ergeben sprachlich Einzelsätze. Es sind einfache Sätze, die durch Satzschlußzeichen markiert werden.

ARBEITSAUFTRAG

1. Im Textblock wird eine interessante Sache zur Sprache gebracht.
2. Lies den Gesamttext still durch; gliedere den Text in seine drei Abschnitte und untergliedere jeden Abschnitt in seine Teile (= Sätze).
3. Setze die Satzbinnenzeichen und Satzschlußzeichen.

---

1. In der Wortliste sind „Sinnwörter" des Textes nach den Wortarten Nomen, Adjektiv, Verb zusammengestellt.
2. Verbinde sie zu einfachen Aussagen. Beispiel: Der Winterschlaf geht zu Ende.

TEXTGRAMMATIK

TEXT

Das Donautal / Der Mensch im Urwald

Die beiden Quellbäche der Donau, Brigach und Breg, entspringen im südlichen Schwarzwald. Für den Menschen sind die Lebensbedingungen in den immerfeuchten tropischen Regenwäldern denkbar ungünstig. An ihrem Zusammenfluß liegt die Stadt Donaueschingen. Die ursprünglichen Bewohner sind die Pygmäen. In ihrem weiteren Verlauf durchbricht die Donau die Schwäbische Alb. Männer und Frauen dieses „Zwergvolkes" werden nur bis zu 1,40 m groß. In einem gewundenen Tal schneidet sich der Fluß tief in die Kalkfelsen ein. Sie haben eine kräftige muskulöse Gestalt. Das Flußbett wird überragt von hohen Felswänden und steilen Felstürmen. Ihre Haut ist nicht so schwarz wie die der benachbarten Sudan- und Bantuneger, sondern kupferfarben. Stolze Burgen und Schlösser krönen zahlreiche Felsvorsprünge. Ihr Haar ist tiefschwarz und grob und wächst in kleinen, runden Büscheln. Bei Sigmaringen verläßt die Donau die Schwäbische Alb. Ihre kräftigen weißen Vorderzähne sind sorgfältig zu scharfen Spitzen gefeilt. Von hier ab bis weit hinunter nach Regensburg legt sich die Donauniederung wie eine breite Rinne zwischen das Alpenvorland und das Kalkgebirge der Alb. Ein Lendentuch ist ihr einziges Kleidungsstück. Schon vor Jahrhunderten führten wichtige Handelsstraßen durchs Donautal. Zur Jagd verwenden die Männer kleine Bogen und Pfeile, die sie mit Pflanzengift tränken. Aus den alten Brückenorten wurden blühende Städte. Ihre Wohnungen am Rande der Waldlichtungen sind primitive Hütten. Reichverzierte Bürgerhäuser und das Münster, dessen Turm 161 m hochragt, zeugen noch heute von der Bedeutung der Stadt Ulm. Bei der Ankunft in einer Waldlichtung werden die Wohnhütten von den Frauen aus biegsamen Stöcken und großen Blättern aufgebaut. In Ingolstadt verarbeiten Raffinerien das Erdöl, das über Pipelines aus dem Mittelmeerraum kommt.

der Quellbach
südlich
Schwarzwald
der Mensch
die Lebensbedingung
entspringen
der Regenwald
liegen
die Stadt
die Bewohner
ursprünglich
durchbrechen
das Zwergvolk
groß
gewunden
das Tal
schneiden
tief
der Kalkfelsen
benachbart
kräftig
muskulös
die Gestalt
das Haar
stolz
überragen
krönen
die Vorderzähne
die Spitzen
feilen
scharf
tränken
verwenden
blühend
sorgfältig
die Rinne
das Donautal
primitiv
die Bürgerhäuser
die Raffinerien
aufbauen
das Erdöl
kommen
verarbeiten

Man soll lernen, solange man lebt! Aber was dann?

ARBEITSAUFTRAG

1. Im Textblock sind zwei Texte aus Erdkundebüchern ineinandergeschoben.
2. Lies den „Mischtext" und stelle die ursprünglichen Texte über das Donautal und die Bewohner des Urwaldes wieder her.

---

1. In der Wortliste sind „Sinnwörter" aus beiden Texten gemischt.
2. Ordne sie nach Nomen: der Quellbach ...   Adjektiven: groß ...   Verben: liegen ...

SATZGRAMMATIK   SATZ

Der Knall effekt

WirsaßengeradebeimMittagessenda
gabesplötzlicheinenKnallerschrocken
sprangenwiraufmeineMuttersagteich
glaubedaskamvonobenwirliefenalle
nachobenselbstPuckunserZwergpin
scherrannteklaffendhinterherundwas
sahenwirChristinemeinekleine
Schwestersaßheulendaufdemfuß
bodenundhieltinderHanddenRestdes
Luftballonsdensiegesternimschuhge
schäftbekommenhatteaufdemFuß
bodenaberlagendieNägelausThomas
Werkzeugkastendenerwegzuräumen
vergessenhattedamithattesiedenLuft
ballongestochenplötzlichjaultePuckich
drehtemichumundsahwieersichan
seinerPfoteleckedahabenwirdieBe
scherungjetzistPuckineinenNagel
getretensagteichistjanichtsschlimm
antworteteThomasMutternahmdie
kleineChristineaufdenArmundwir
gingenhinunterumweiterzuessenich
kriegeabernochmaleinensagteChristine
alsosowaslachtemeinVaterjetzthabeich
dochtatsächlichnochdieGabelinder
HandinderKücheverbandichsorgfältig
PucksPfotederwarvielleichtstolzauf
seinenVerbandundwolltevonallen
gehätscheltwerdenaberalsermerktedaß
keinerdaraufachtetelegteersichinsein
Körbchenundschlief.

INFO 2: Der Satz

1. Beim Reden will ein Sprecher einem Hörer irgend etwas *in einem Zug* (wie beim Schachspiel) oder *in einem Schritt* (wie beim Gehen) darstellen.
Dabei wird das Hinstellen der Figur oder das Aufsetzen des Fußes durch Satzschlußzeichen markiert: Punkt, Fragezeichen, Ausrufezeichen.
2. Wer redet, macht sich also seine Gedanken und drückt sie in Sätzen aus.
3. Komplizierte Gedankenschritte sind in sich gegliedert. Im gesprochenen Satz wird diese Gliederung durch Pausen oder Betonung kenntlich gemacht.
4. Im geschriebenen Satz wird die Gliederung durch Satzbinnenzeichen (Komma, Strichpunkt, Gedankenstrich, Klammer, Anführungszeichen, Doppelpunkt ...) markiert.

aller Anfang
schwer sein

der Apfel
nicht weit vom Stamm fallen

viele Hunde
des Hasen Tod sein

stille Wasser
tief gründen

Morgenstund
Gold im Mund haben

die Axt im Haus
den Zimmermann sparen

viele Köche
den Brei verderben

der Klügere
nachgeben

guter Rat
teuer sein

Papier
alles dulden

ein falscher Freund
schlimmer als ein offener Feind sein

steter Tropfen
den Stein höhlen

jeder
seines Glückes Schmied sein

Hunger
der beste Koch sein

ein Lügner
ein gutes Gedächtnis haben müssen

Lügen
kurze Beine haben

die Schwachen
vereint mächtig sein

die Fliege an der Wand
den Kranken ärgern

hartes Brot
scharfe Zähne verlangen

ARBEITSAUFTRAG

1. Lies die Geschichte im Textblock laut.
2. Schreibe den Erzähltext so auf, daß du die einzelnen Gedankenschritte durchnumerierst:
   1. Wir saßen ... 2. Erschrocken ... usw.
3. Neben den Satzschlußzeichen und Satzbinnenzeichen sind bei unserem Text auch die Satzzeichen der sog. Wörtlichen Rede zu setzen.

1. In der Wortliste sind ganze Sätze in ihre beiden Aussagehälften geteilt.
2. Stelle die Satzeinheiten wieder her. Beispiel: Aller Anfang ist schwer.

SATZGRAMMATIK — SATZGLIED

Tischtennis – ein Sport für alle

Tischtennis `ist` eine beliebte Sportart.
Sie `kann` in jedem Alter von Jungen und Mädchen `ausgeübt werden`.
Der Reiz des Spieles und die geringen Kosten
für die Ausrüstung `haben` diese Sportart weltweit `verbreiten helfen`.
Die kostspieligste Anschaffung `ist` zweifellos der Tisch oder die Platte.
Ein Tisch `kostet` rund 200 Mark.
Wenn jedoch der Tisch und das Netz einmal angeschafft sind, z. B. von der
Schule oder dem Verein, brauchst du zum Spielen nicht mehr viel.
Einen guten Schläger `bekommst` du in jedem Fachgeschäft für ungefähr
15 Mark.
Beim Kauf des Schlägers `solltest` du nicht zu sehr `sparen`. Entscheidend ist,
daß er dir gut in der Hand liegt.
Der Griff `darf` nicht aus der Hand `herausragen`.
Wichtig `ist` auch die Wahl des Belages.
Der sog. Backside-Belag `ist` wegen seiner Glätte besonders empfehlenswert.
Nun `brauchst` du zum Spielen nur noch Bälle.
Zum Üben `genügen` vollauf die preiswerten Bälle mit einem oder zwei Sternen.
Auch wenn du nicht gleich spielst wie ein Weltmeister, wirst du an diesem
Sport viel Freude haben.
Auf denn: das Spiel kann beginnen!

Satzglieder (rechte Spalte)

☆ Tischtennis
  eine beliebte Sportart
  sein

☆ sie
  in jedem Alter
  von Jungen und Mädchen
  ausgeübt werden können

☆ die kostspieligste Anschaffung
  zweifellos
  der Tisch
  sein

☆ er
  rund 200 Mark
  kosten

☆ du
  einen guten Schläger
  in jedem Fachgeschäft
  bekommen

☆ du
  beim Kauf des Schlägers
  nicht zu sehr
  sparen sollen

☆ der Griff
  aus der Hand
  nicht herausragen dürfen

☆ die Wahl des Belages
  auch
  wichtig
  sein

☆ der sog. Backside-Belag
  wegen seiner Glätte
  besonders empfehlenswert
  sein

☆ du
  zum Spielen
  nur noch Bälle
  brauchen

INFO 3: Das Satzglied

1. Wenn du dir den Satz im Bilde einer Kette vorstellst, läßt er sich in seine Glieder zerlegen.
2. Die Glieder der Satzkette lassen sich im Frageverfahren ermitteln:
   z. B. „Einen guten Schläger/bekommst/du/in jedem Fachgeschäft/für ungefähr 15 Mark."
   - Wer bekommt …?   Antwort: Du
   - Was bekommst du?   Antwort: Einen guten Schläger
   - Wo bekommst du …?   Antwort: In jedem Fachgeschäft
   - Wie bekommst du …?   Antwort: Für ungefähr 15 Mark
3. Leichter lassen sich die Glieder der Kette durch die Umstellprobe ermitteln: Nun/brauchst/du/zum Spielen/nur noch Bälle.
         Du/brauchst/nun/zum Spielen/nur …
   Zum Spielen/brauchst/du …
   Nur noch Bälle/brauchst/du …
4. Die durch Erfragen oder Probieren ermittelten Satzbestandteile heißen *Satzglieder*.
5. Das Satzglied ist eine Spracheinheit, die zwischen Satz und Wort eine wichtige Vermittlerrolle spielt.

*du verstanden?
du schreiben!
dalli-dalli*

ARBEITSAUFTRAG

1. Lies den Tischtennis-Text flüsternd.
2. Laß die Sätze mit den blau unterlegten Verben jeweils mit anderen Satzgliedern beginnen:
   In jedem Alter *kann* sie …   Von Jungen und Mädchen *kann* sie …
3. Kennzeichne jedes Satzglied durch einen Kettenring.

Füge die Satzglieder so zusammen, daß unterschiedlich gegliederte Satzketten entstehen.
Beispiele: (Ein Tisch)(kostet)(rund 200 DM)   (Rund 200 DM)(kostet)(ein Tisch)

SATZGRAMMATIK — SATZGLIED

SATZ **KERN** SPIEL

Satzglieder rund um den Kern "Fahren":
- das geerntete Gemüse
- einen Fahrgast
- der Busfahrer
- zum Bahnhof
- zur Schule im Nachbarort
- der Taxifahrer
- mit dem Traktor
- der Bauer
- über den holprigen Feldweg
- auf regennasser Fahrbahn
- die Grundschüler
- nach Hause
- mit dem Schulbus
- pünktlich
- langsam
- mit seinem Wagen
- jeden Morgen
- zu schnell

schleudern
— das Auto
— in der Kurve
— auf regennasser Fahrbahn
— den Schneeball
— der Junge
— ihm
— den Handschuh
— in die Fensterscheibe
— ins Gesicht
— er

fahren
— der Busfahrer
— der Taxifahrer
— der Bauer
— einen Fahrgast
— den Erntewagen
— mit dem Traktor
— mit dem Schulbus
— mit seinem Wagen
— die Schüler der Grundschule
— zum Bahnhof
— zur Schule
— in die Scheune

fliegen
— der Düsen-Jet
— die Zugvögel
— die gebratenen Tauben
— dir
— den eiligen Reisenden
— im Herbst
— über die Alpen
— in den Süden
— in südliche Länder
— in wenigen Stunden
— nicht in den Mund
— in sonnige Ferienländer

Start frei! Zur Landung

ARBEITSAUFTRAG

1. Rund um den Satzkern „fahren" sind 18 verschiedene Satzglieder (Ergänzungen und Angaben) angeordnet.
2. Bilde aus dem Kern und den Satzgliedern „mehrgliedrige" Sätze:
   ● Der Bauer *fährt* mit dem Traktor ... ● Langsam *fuhr* der Taxifahrer ...

Die Verben sind die Kernglieder von Sätzen. Verbinde sie mit den angegebenen Ergänzungsgliedern zu kurzen und längeren Satzketten.
Beispiel: Er *schleudert* ihm den Handschuh ins Gesicht.

WORTGRAMMATIK — WORT

Internationale Sprichwortweisheiten

1. Diewahrheitüberdiekatzenerfährtmanvondenmäusen. (Korsika)
2. Auffünfzigratgeberkommteinhelfer. (Irland)
3. Derfaulpelzspieltgernkartenmitdembösewicht. (Schweden)
4. Durchgeplapperverrätdieelsterihrnest. (Dänemark)
5. Sogareineweißeliliewirfteinenschwarzenschatten. (Ungarn)
6. Einheuteistbesseralszehnmorgen. (Deutschland)
7. Bessereinwortzurückhaltenalszweisprechen. (Island)
8. Einsattespferdläßtdenhaferstehen. (Spanien)
9. Nurüberstufensteigteinerzurhöhedertreppe. (Türkei)
10. Herrtagediebheiratetmeistfrautaugenichts. (Ägypten)
11. Einemausefalletötetkeinenelefanten. (Gabun)
12. Miteinerhandschnürtmankeinbündel. (Kamerun)
13. Einstreithahnhatkeinefreunde. (Nigeria)
14. Einböseswortverwundetmehralseinscharfesschwert. (Portugal)
15. Einleeresfaßdröhntlauteralseingefülltes. (Rußland)

WORTVIEHEISENHASE
NAGELVOGELHEIZUNG
ACKERBLEITEERNASE
MUNDZUNGEZEHEAUGE
REDESTEINSCHATTEN
LIMONADEASCHEBEIN
SCHEREBRILLEBLUME
ZIRKELGUMMIKATZEN
TREPPEKELLERWOLKE
SCHIFFFLUGZEUGAAS

MAUSMÜDEKATZEFAUL
TRÄGELÖWETAUBRIND
ADLERSTOLZKUHSTUR
SCHWEIGSAMELEFANT
REHFLINKHIRSCHTOT
HOCHZEBRATIEFIGEL
SCHLANGEFALSCHGNU
TRÜBETULPEROTROSE
BUCHESCHÖNGRASGAR
SCHWEREICHEMÜHSAM

LEHRERSAGENNEBLIG
LACHENFROHSCHÜLER
TRAURIGGEBENVATER
SCHARFMESSERHABEN
SCHNEIDENTORBRAUN
SONNESONNIGSONNEN
FAHRENFÄHREFAHRIG
RÄTSELRATENRATLOS
FLIEGENFREISEGELN
FERTIGENDEABSAGEN

AUFWIESEMALENREIN
TALÜBERDANKENRAUH
WEILHIMMELNEUÖLEN
STELLENNURGUTTIER
SCHLAUWENNTUNGABE
OFENKALTINSTRAFEN
ZWARZWEIGZAHMZAHN
AUAUGEAUSSEHENAUF
EIEISEINEILEEILIG
GENAUAUSAUTOGENUG
GENUGGENUGGENUGGE
NUGGENUGGENUG...

INFO 4: Das Wort

1. Beim langsamen Flüster- oder Lautlesen heben sich aus den zusammenhängenden Satzketten leicht Einzelwörter voneinander ab: Die — Wahrheit — über — die — Katzen — erfährt — man — von — den — Mäusen.
2. Das Wort ist also eine selbständige Sprachform, die von unserem Sprachsinn als Einheit aufgefaßt wird.
3. Manche dieser Worteinheiten haben einen deutlich vorstellbaren Inhalt. Es sind die sog. Inhaltswörter: Wahrheit, Katze, Mäuse, Nest, weiß, schwarz, spielen, töten ...
   Andere Worteinheiten sind „leere Formen" und werden deshalb auch „Formwörter" genannt: die, von, über, auf ...
4. In normal geschriebenen Texten sind die einzelnen Wörter durch Zwischenräume voneinander getrennt:
   Die Wahrheit über die Katzen erfährt man von den Mäusen.

ARBEITSAUFTRAG

1. Lies die Sprichwörter im Textblock leise oder laut, aber sehr langsam.
2. Schreibe die Einzelsätze in der normalen Schreibform mit den gewohnten Wortzwischenräumen.
3. Fertige eine Tabelle an nach Inhaltswörtern und Formwörtern.
4. Beachte die Großschreibung der Nomen (sie sind durch Punktsignale gekennzeichnet!).

1. Ordne die in Blockschrift aneinandergereihten Inhaltswörter und Formwörter.
2. Teile die Inhaltswörter ein in Nomen, Verben und Adjektive. (Merke: Nur die Nomen werden großgeschrieben!)

WORTGRAMMATIK — WORT

Vorsicht Wörterschlangen!

Wörterschlangen (Buchstabenfolgen):

...ANGELDAMERIKANALTERMINEGERSTERNASEELEFANT...

...BEGINNENNENDENKENNENTLASSENKENTERNEHMENGENESENDENACHGEBEN...

FREICHELLEE — WAHR — FOLGLEICH — AUFBEWAHRUNG — ITERNSTURMAGERMESENDE...

NEHMENBEWÄHRUNGWAHRHEIT...

ANNAHMEANGENEHMNEHMENVERWAHRENBEWÄHRENDWÄHRENDWÄHREND...

GEWCHILMHR... — NEHMENVERNEHMUNGABNEHMEN...

WAHRSCHEINLICH...

Wortliste

BluMENSCHale
GarAGENTor
KirscHENKERn
KanaLISAtion
AkTENORdner

Fin<u>ger</u>hut
Winte<u>rwin</u>d
Finsternis
Hochsee
Flugreise

Ap<u>fel</u>baum
Käsescheibe
Mülleimer
Hasenfuß
Orientexpreß

Freispruch
Südamerika
Silbergeld
Spiegeleier
Kopfarbeit

Wiesental
Zielsetzung
Schaufenster
Apfelstrudel
Industriegelände

Wa<u>ren</u>austausch
Nachsehen
Lotteriegewinn
Kopfrechnen
Stielaugen

Barmusik
Bilderfolge
Kleingeld
Mittelachse
Autonarr

Gas<u>tar</u>beiter
Senkrechtstarter
Lausebengel
Fingernagel

Bu-schwer-k
↳schwer?

ARBEITSAUFTRAG

1. In den Wörterschlangen sind zahlreiche Einzelwörter ineinandergefügt und aneinandergereiht.
2. Löse die Wörter aus den Buchstabenfolgen heraus (in der mit Pfeilen angedeuteten Weise).
3. Trage sie in dein Arbeitsheft ein.

---

1. In jedem zusammengesetzten Nomen der Wortliste ist ein anderes Wort versteckt:
   Blu-Mensch-ale, Bu-schwer-k ...
2. Löse diese Wörter heraus und trage sie ein.

WORTGRAMMATIK — SPRACHSILBEN

Stamm-, Beugungs- und Bildungssilben

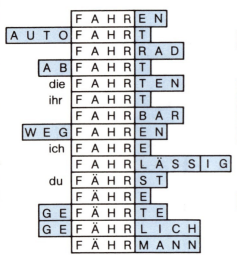

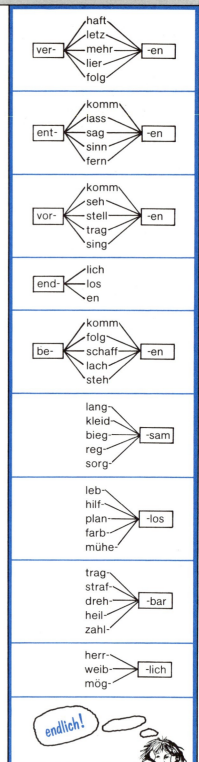

INFO 5: Die Sprachsilben

1. Die meisten Wörter lassen sich durch Nachdenken in verschiedene Teile zerlegen: z. B.
   Sprach/schül/er denk/en klar/er.
2. Solche Wortbestandteile heißen Sprachsilben oder Morpheme.
3. Sprachsilben oder Morpheme sind die kleinsten Spracheinheiten, die noch einen Bedeutungsinhalt haben: z. B.
   klar bedeutet soviel wie hellsichtig, durchschaubar;
   -er bedeutet hier soviel wie „im Vergleich mit anderem mehr oder besser" — „eine Stufe höher".
   „-er" ist also das Signal für eine Steigerung.
4. Die Sprachsilben oder Morpheme lassen sich einteilen in
   ● Wortstammsilben: fahr-
   ● Wortbeugungssilben: -t, -en
   ● Wortbildungssilben: -ig
5. Die Wortbestandteile, die beim lansamen Sprechen entstehen, heißen Sprechsilben. Im Deutschen wird in der Regel nach Sprechsilben getrennt: fah-ren, Au-to-fahrt, Un-ter-füh-rung.

ARBEITSAUFTRAG

1. Schau dir die Wortbilder im Textblock an und lies sie laut.
2. Lies die Einzelwörter still. Überlege was die gekennzeichneten Morpheme bedeuten.
3. Schreib sie auf, indem du durch Schrägstrich die Morpheme (= Sprachsilben) abtrennst:
   fahr/en, Auto/fahr/t, Fahr/rad ...

---

1. Verbinde die Sprachsilben (= Morpheme) so, daß sich bekannte Wörter ergeben.
2. Ordne sie nach Verben und Adjektiven.
3. Forme Verben durch -ung und Adjektive durch -keit zu Nomen um.

WORTGRAMMATIK — SPRACHSILBEN

Rund ums Fahren

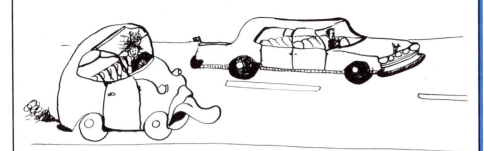

— GEH —
weg-, -en, -st, -weg vor-, -t, ent-, ver-, -e

— FAHR —
-bar, be-, -bahn, ab-, -en, ge-, -t, -et, -zeug

— ROLL —
-en, ge-, -e, -er, ab-, -bahn, -t, -schuh, -st, auf-

— SPAR —
-en, -sam, -buch, ge-, -t, -er, -st, -e, an-

— LAUF — / — LÄUF —
-en, -st, ge-, -end, -e, -t, ent-, -steg, ab-

— LAND — / — LÄND —
-en, -ung, -est, -et, -lich, ge-, -er, -chen, -es

— TRAG — / — TRÄG —
-en, ge-, -st, -t, -er, -bar, er-, ab-, be-

— WOHN — / — WÖHN —
-en, -t, -st, be-, ge-, -lich, -ung, -bar, -haus, -e

AUF- -HÖR- -EN!

Nomen

```
A U T O . . . . T
E I N . . . .
. . . . R A D
. . . . E
W A L L . . . . T
A U S . . . .
E N T . . . . E R
V O R . . . . T
. . . . M A N N
E R . . . . U N G
V E R . . . . E R
A U S . . . . T
E I N . . . . T
U N T E R . . . . U N G
. . . . Z E U G
G E . . . . T E
E N T . . . . U N G
. . . . E R
. . . . U N G
```

Verben

```
. . . . E N
A B . . . . E N
. . . . E N
H I N . . . . E N
V E R . . . . E N
B E . . . . E N
Ü B E R . . . . E N
Ü B E R . . . . E N
E R . . . . E N
Z U . . . . E N
V O R . . . . E N
V O R . . . . E N
```

Adjektive

```
B E . . . . B A R
G E . . . . L I C H
E R . . . . E N
. . . . L Ä S S I G
V E R . . . . E R I S C H
```

ARBEITSAUFTRAG

1. Die Wortfamilie „fahren" hat vier verschiedene Wortstammsilben: „fahr" • „fähr" • „führ" • „fuhr".
2. Setze in den drei Wortgruppen die fehlende Silbe ein.

1. In der Wortliste sind in 8 Gruppen jeweils Stamm-, Beuge- und Bildungssilben gemischt.
2. Lies die Wortteile zu Wörtern zusammen.
3. Schreib die Wörter, nach Wortarten getrennt, auf.

WORTGRAMMATIK — NOMEN

Die fernen Inseln

Ein Paradies für Touristen – träumen die ewigen Schwärmer. Eine leblose Felswüste – meinen die Kenner der Inselgruppe Juan Fernandez, die 600 Kilometer westlich der Küste von Chile liegt. Der englische Schriftsteller und Kritiker der vornehmen Gesellschaft, Daniel Defoe, schrieb seinen berühmten Roman „Robinson Crusoe" nach dem Schicksal des schottischen Matrosen Alexander Selkirk. Dieser wurde zu Beginn des 18. Jahrhunderts von seinem Kapitän auf der größten der Inseln, auf Mas a Tierra, im Pazifik ausgesetzt. Daniel Defoe verlegte jedoch den Schauplatz seiner Erzählung auf ein kleines Eiland vor der Mündung des Orinoco im Atlantik. Der Dichter aus England machte den Schiffbrüchigen Robinson zu einem tollkühnen Helden. Das heute so bekannte und vielgelesenen Buch der Abenteuer ist übrigens von den Zeitgenossen des Autors empört abgelehnt worden. Alexander Selkirk, jener ausgestoßene Matrose, wurde nach langen Jahren der Verbannung und Verzweiflung als gebrochener Mensch von der Besatzung eines vorüberkommenden Schiffes geborgen. Für ihn hatte das ungewollte Abenteuer wenig Glanz und keine heldenhafte Größe.

INFO 6: Einteilung der Nomen

1. *Nomen* nennen die Namen aller Dinge in der *Welt der Sinne* und der *Welt des Geistes.*
2. Die *mit den Sinnen* wahrgenommenen Dinge werden mit *konkreten* Namen benannt. Man unterscheidet 4 Gruppen:

   EIGENNAMEN: sind Benennungen für ganz *bestimmte Einzeldinge,* wie Personen (ALEXANDER, SELKIRK...), Länder (CHILE...), Flüsse (ORINOCO...), Ozeane (PAZIFIK...) usw.

   GATTUNGS**N**AMEN bezeichnen *den einzelnen innerhalb einer ganzen Gattung* (= Klasse) gleichartiger Dinge (z. B. *ein* MATROSE, *ein* MENSCH...) *und die Gesamtheit der Gattung* (z. B. *der* MATROSE, *der* MENSCH...).

   SAMMEL**N**AMEN benennen *eine Mehrzahl von Dingen* in der grammatischen Form der Einzahl: die BESATZUNG, die GESELLSCHAFT..., die FLOTTE, die HERDE...

   StOFF**N**AMEN bezeichnen *eine Stoffmasse* als Teil oder Ganzes: das WASSER, ein Tropfen WASSER...

3. Die *mit dem Geist* (Verstand) wahrgenommenen Dinge werden mit *abstrakten* Namen benannt. Dabei werden unanschauliche **E**igenschaften (z. B. TREUE, MUT...), **V**orgänge (z. B. SPRUNG...), **M**aße (z. B. KILOMETER...) und **B**eziehungen (z. B. LIEBE...) wie anschauliche Gegenstände aufgefaßt und benannt.

Eigennamen

Angelika
Britta
C _____
●
Achim
Bernd
C _____
●
Adenauer
Beckenbauer
C _____
●
Argentinien
Belgien
C _____
●
Alpen
Bayerischer Wald
C _____
●
Amazonas
Brahmaputra
C _____
●
Aachen
Berlin
C _____
●
Amerika
Asien
A _____
●
Borkum
Sylt
I _____
●
Muschi
Waldi
Wauwau
●
Audi
Mercedes
Opel
V _____
●
UNO   UdSSR
ARD   USA
ZDF   _____

Asterix. Weißnix. Grammatix!

ARBEITSAUFTRAG

1. Lies den Text über die Robinson-Insel.
2. Fertige dir nach INFORMATION 6 eine Tabelle an:
3. Trage alle Nomen aus dem Inseltext und dem Informationstext in die Tabelle ein. Ergänze die Listen.

konkret				abstrakt			
EN	GN	NS	StN	E	V	M	B

1. In der Wortliste sind Eigennamen aus 12 Bereichen zusammengestellt.
2. Ergänze die Wortlisten. Welche Ländernamen haben einen Begleiter (= Artikel)? Welche andern Eigennamen werden mit Artikel gebraucht?

WORTGRAMMATIK — NOMEN

A. ART und GATTUNG

Buche	Buche
Tanne	Eiche
Eiche	Birke
Birke	LAUBBAUM

Kirsche	
Birne	
Mirabelle	
Pflaume	?

Tanne	
Fichte	
Eiche	
Kiefer	?

Adler	
Meise	
Falke	
Habicht	?

Meise	
Buchfink	
Papagei	
Dompfaff	?

Kuh	
Ziege	
Hund	
Schaf	?

Kuh	
Hund	
Katze	
Reh	?

Banane	
Orange	
Zitrone	
Apfel	?

Katze	
Wolf	
Maulwurf	
Hund	?

Gattungsnamen: STEINOBST / RAUBVOGEL / NADELBAUM / SINGVOGEL / HAUSTIER

B. Artnamen ↔ Sammelnamen

der Berg ↔ das Gebirge		das Gemäuer ↔ die Mauer	
der Bau	?	?	der Busch
?	das Gelände	das Gewässer	?
die Feder	?	?	der Bruder
?	das Gebälk	das Gedärm	?
das Holz	?	?	die Rede
?	die Geschichte	das Gestirn	?
der Trank	?	?	das Wissen
?	das Gewölk	das Gezweig	?

C. Kettenreaktion

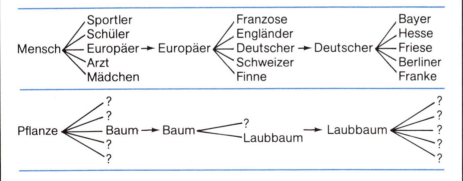

abstrakte Nomen

Treue	→ E
Sprung	→ V
Meter	→ M
Liebe	→ B
Haß	→ B
Kilometer	→
Lauf	→
Angst	→

Wurf
Gramm
Freundschaft
Freundlichkeit

Zentner
Gleichgültigkeit
Milde
Traum

Güte
Kubikmeter
Abhängigkeit
Erlebnis

Ausbildung
Mut
Tonne
Ehe

Hektar
Nähe
Röte
Erziehung

Flug
Volt
Unterschied
Schwäche

Stunde
Dienst
Schönheit
Arbeit

Fleiß
Erkrankung
Jahr
Gegenteil

ARBEITSAUFTRAG

1. In den Übungen A, B, C geht es um Gattungsnamen und Sammelnamen.
2. Löse die Rätsel nach den angegebenen Mustern.
3. Stelle weitere Wortgruppen nach dem Muster der Übung A zusammen und löse selbst „Kettenreaktionen" wie in Übung C aus.

1. In der Wortliste sind abstrakte Nomen (Abstrakta) zusammengestellt.
2. Ordne sie nach den 4 Gruppen: **E**igenschaften — **V**orgänge — **M**aße — **B**eziehungen.
3. Trage sie in eine Tabelle ein und ergänze die Listen.

WORTGRAMMATIK — NOMEN

A. Ungewöhnliche Berufsnamen

Beschreibung der Tätigkeit	Benennung des „Berufs"
Wer bricht Wellen?	der Wellenbrecher
Wer hebt den Wagen?	der Wagen...............
Wer tritt das Wasser?	der ....
Wer schleppt die Raupen?	der ....
Wer fegt die Hand?	der ....
Wer stiftet den Brand?	der ....
Wer fährt den Sonntag?	der ....
Wer bricht die Sorgen?	der ....
Wer faltet die Zitronen?	der ....
Wer ....?	der ....

B. Tiere leihen ihren Namen aus

falsch verbunden	richtig zusammengesetzt	klar getrennt
der Lackhase der Unglücksaffe der Angstrabe	der Lackaffe der Unglücks... der	der Lack der Affe das Unglück ....
das Rollroß der Schmutzmops der Stahlfink	der Rollmops	die Rolle
der Dreckwurm der Mondspatz das Bücherkalb		
die Drahtschlange der Autolöwe der Salonesel		

C. Tiername + Dingname ⇔ Pflanzenname

Tiername		Dingname		Pflanzenname
der Bär	+	die Klaue	→	Bärenklau
der Eber	+	die Esche	→	Eber...........
die Geiß	+	das Blatt	→	....
der Löwe	+	der Zahn	→	....
das Schaf	+	die Garbe	→	....
....	+	....	←	Wolfsmilch
....	+	....	←	Hahnenfuß
....	+	....	←	Kuhschelle
....	+	....	←	Gänseblümchen
....	+	....	←	Storchschnabel

konkret oder abstrakt?

- der Anfang ○
- der Anzug ⊗
- die Ähre ⊗
- die Ehre ○
- der Durst ○
- die Wurst ○
- die Hand ○
- der Handel ○
- die Armut ○
- der Arm ○

- das Bild ○
- die Bildung ○
- die Zeitung ○
- die Zeit ○
- der Lehrer ○
- die Lehre ○
- die Kindheit ○
- das Kind ○
- der Junge ○
- die Jugend ○

- der Bürge ○
- die Bürgschaft ○
- der Fahrer ○
- die Gefahr ○
- die Kleidung ○
- das Kleid ○
- der Mensch ○
- die Menschheit ○
- der Sportplatz ○
- der Sport ○
- die Witterung ○
- das Wetter ○

- die List ○
- die Liste ○
- der Tempel ○
- das Tempo ○
- das Rad ○
- der Rat ○
- der Wilde ○
- der Wille ○
- das Gewehr ○
- die Gewähr ○

Schlüssel Schluß!

ARBEITSAUFTRAG

1. In den Übungen A, B, C geht es um BERUFSNAMEN, TIERNAMEN, PFLANZENNAMEN, um KONKRETE NOMEN und ABSTRAKTE NOMEN, um GATTUNGSNAMEN und SAMMELNAMEN.
2. Löse die Rätsel nach den angegebenen Mustern.
3. Ordne die Nomen nach dem Einteilungsschema von INFORMATION 6.

1. In der Wortliste sind konkrete und abstrakte Nomen paarweise zusammengestellt.
2. Kreuze die konkreten Nomen an und verwende die abstrakten in Sätzen.

WORTGRAMMATIK   NOMEN

A. Welches NOMEN ist fehl am Platz?

Lieferant	der Lieferant		Kritiker	der . . . . .
Leutnant	der Leutnant		Trinker	der . . . . .
Konsonant	der Musikant		Statiker	der . . . . .
Musikant	der Konsonant		Politiker	der Trinker

Dirigentin	die		Sekretärin	die . . . . .
Studentin	die		Lehrerin	die . . . . .
Patientin	die		Kassiererin	die . . . . .
Präsidentin	die		Glyzerin	das

Direktor	der		Krämer	der . . . . .
Inspektor	der		Former	der . . . . .
Rektor	der		Sommer	der . . . . .
Reflektor	der		Farmer	der . . . . .

Egoist	der		Forscher	der . . . . .
Pianist	der		Fleischer	der . . . . .
Komponist	der		Fischer	der . . . . .
Dentist	der		Pinscher	der . . . . .

Kaufmann	der		Briefträger	der . . . . .
Ehemann	der		Hosenträger	der . . . . .
Bergmann	der		Manager	der . . . . .
Zimmermann	der		Fliesenleger	der

B. Bilderrätsel

abstrakte Begriffe

-TUM
Alter → Altertum
reich → R_____
Held → H_____
heilig → H_____

-HEIT
Kind → Kindheit
mehr → M_____
Mensch → M_____
krank → K_____

-SCHAFT
erringen → Errungenschaft
Freund → F_____
rech(n)en → R_____
Mann → M_____

-NIS
Bund → Bündnis
faul → F_____
Bild → B_____
geheim → G_____

-KEIT
eitel → Eitelkeit
sauber → S_____
heiter → H_____
fröhlich → F_____

fertig?? Fertigkeit!

ARBEITSAUFTRAG

1. Eine Übungsseite für Rätselfreunde!
2. Löse die Rätselaufgaben A und B.
3. Stelle selbst Berufsgruppen nach dem Muster der Aufgabe A zusammen; vervollständige das Wörterbuch der Zeichensprache.

1. In der Wortliste entstehen aus Nomen, Verben und Adjektive neue Wörter.
2. Stelle diese abgeleiteten abstrakten Nomen nach ihren Endsilben in Tabellen zusammen und ergänze die Listen.

WORTGRAMMATIK — NOMEN

Weltgeschichte aus dem Äther

Für uns ist das OIDAR ein Gebrauchsgegenstand geworden, vor nur wenigen Jahrzehnten aber war es ein Wunder der KINHCET. Als sich am 20. Oktober 1923 zum erstenmal die Sendestelle Berlin, „ELLEW 400" mit leichtem NERRUS und RETTANKEG meldete, war dies die Geburtsstunde des deutschen Rundfunks.

Aus den ersten Basteleien mit primitiven Empfangsgeräten, den sog. NEROTKETED, entwickelte sich eine gewaltige EIRTSUDNI, und aus den 467 Hörern des Jahres 1928 wurden in Deutschland inzwischen über 20 NENOILLIM. — Und das Fernsehen ist ja nur eine Weiterentwicklung des Rundfunks —. Rundfunk und Fernsehen haben unser Leben stärker beeinflußt als jede andere Erfindung unseres Jahrhunderts. Sie lassen uns teilhaben an der KITILOPTLEW und an sportlichen Ereignissen, sie machen uns zu Augen- und Ohrenzeugen von NETTABED im Bundestag und von NEHPORTSATAKRUTAN in fernen Ländern.

Der Rundfunk hat in unserem Tages- SUMHTYHR einen festen Platz erhalten. Entspannende KISUM hören wir während einer Autofahrt und nach der Arbeit, wir lassen uns informieren durch ERATNEMMOK und Nachrichtensendungen. EGATROPERTROPS und WOHSHESNREF haben ebenso ihren festen Hörerkreis wie Hörspiel und IMIRK.

Radio und Fernsehen bringen uns Sportplatz und Bundestag, den Wilden Westen und den LAASTREZNOK direkt in die gute Stube!

NEUSCHÖPFUNGEN

A. knipsen
    das Geknipse
surren
    das Gesurre
prasseln
    das Ge_____
knattern
    das Ge_____
plärren
    das Ge_____
quietschen
    das Ge_____

B. der Wauwau
das Töfftöff
der Plumps
der Brummi
die Ticktack

ENTLEHNUNGEN

Amateur
Profi
Trainer
Match
Boxer
Hockey

Camping
Solarium
Diskothek
Hotel
Sauna
Swimmingpool

Dessert
Steak
Filet
Champagner
Kaffee
Menü

Infekt
Affekt
Effekt
Konfekt
Defekt

INFO 7: Bildung neuer Nomen

1. Unsere Sprache paßt sich den veränderten Verständigungsbedürfnissen der Menschen, die sie brauchen und gebrauchen, ständig an, indem sie den WORTSCHATZ erweitert.
2. Die neuen Benennungen entstehen auf unterschiedlichen Wegen:
   - Erster Weg: NEUSCHÖPFUNGEN
     Sie kommen hauptsächlich bei Ausdrücken vor, die den Schall nachahmen, wie z. B. TÖFFTÖFF — SURREN — GEKNATTER.
   - Zweiter Weg: NEUBENENNUNGEN
     Sie verschieben oder erweitern die ursprüngliche Bedeutung eines Wortes, wie z. B. WELLE (Rundfunk-welle) oder STROM (fließende Elektrizität).
   - Dritter Weg: ENTLEHNUNGEN
     Sie werden aus fremden Sprachen in die Muttersprache aufgenommen und können sich im Laufe langer Zeit an die Muttersprache anpassen.
     FREMDWÖRTER sind nicht angepaßte Entlehnungen, wie RHYTHMUS, SHOW, DETEKTOR...
     LEHNWÖRTER sind angepaßte Entlehnungen, wie FILM, KAFFEE...
     Fremdwörter können sich auch mit heimischen Wortbestandteilen zu neuen Wörtern verbinden, wie z. B. KONZERT-saal...
     (Siehe Information 8, Seite 21.)

Fremdwörter sind Glückssache!

ARBEITSAUFTRAG

1. Stelle die „verdrehten" Wörter richtig und ordne sie nach: NEUSCHÖPFUNGEN, NEUBENENNUNGEN, und ENTLEHNUNGEN.
2. Ergänze die schwach besetzten Spalten durch Wortbildungen, wie ticken, plätschern, ... Wechselstrom ...

---

1. In der Wortliste sind Neuschöpfungen und Entlehnungen zusammengestellt.
2. Bilde die entsprechenden Nomen zu lautmalenden Verben (A) und gib die gebräuchlichen Bezeichnungen aus der Kindersprache an.
3. Verbinde Fremdwörter mit einem deutschen Bestimmungswort (*Fußball*profi) oder Grundwort (Amateur*spieler*).

WORTGRAMMATIK — NOMEN

A. Lehnwörter

Uralte Lehnwörter, die in der heutigen Sprache noch weiterleben

Schindel, Kelter, Rettich, Münze, Kalk, Pforte, Enzian, Pflaume, Trichter, Pfahl, Pflaster, Kelch, Bottich, Pfirsich, Pilz, Pflanze, Pfanne, Fackel, Mörtel, Estrich, Borretsch, Baldrian, Pfund, eichen, Schrein, Presse, Pfeiler, Pfosten, Spund, Bütte, Schüssel, Kessel, Beete, Becher, Kiste, Most, Kohl, Becken, Kerze, Kammer, Keller, Wall, Zoll, Sack, Kette, Winzer, Müller, Senf, Kümmel, Zwiebel, Koch, Kürbis, Kufe, Speicher, Küche, Straße.

B. Fremdwörter

Lateinische Bezeichnungen
Orthographie, Geographie, Biologie, Mineralogie, Geometrie, Religion, Mathematik, Chemie, Physik, Grammatik, Meteorologe, Syntax, Lexikon, Methode, Curriculum, Struktur, Element, Algebra, Addition, Prozeß, Gymnastik, Subtraktion, Lyrik, Vers, Division, Faktor, Literatur, Drama, Leichtathletik, Prosa, Text, Multiplikation, historisch, Antike, Analyse, Synthese, Musik, Komponist, Funktion, Strophe, Vitamin.

Deutsche Bezeichnungen
Erdkunde, Naturkunde, Raumlehre, Rechnen, Naturlehre, Wetterkundler, Wörterbuch, Lehrplan, Grundbestandteil, Zuzählen, Abziehen, Gedichtszeile, Theaterstück, Erzählung, Malnehmen, Altertum, Zerlegung, Rechtschreibung, Gesteinskunde, Satzlehre, Sprachlehre, Verfahren, Aufbau, Zahlenlehre, Vorgang, Leibeserziehung, Teilen, geschichtlich, Zusammensetzung, Tondichter.

Modische Fremdwörter

das Menü
das Reisevisum
erstklassiger Service

der Inklusivpreis
verschiedene Extras
der Termin

die Hochsaison
die Strandpromenade
der Komfort

der elegante Salon
die Bowlingbahn
die Minigolfanlage

der Hotelkomplex
der Bungalow
die Musikbox

der Tarif
der Lift
das exotische Milieu

die Fotosafari
eine gemütliche Atmosphäre
der Prospekt

die Spezialitäten
die Folklore
der Souvenir-Shop

das exklusive Hotel
der Diskjockey
die Diskothek

das Solarium
der Küchenchef
das Panorama

die Sonnenterrasse
die Silhouette
das Sportdreß

das Training
die Gymnastik
der Düsen-Jet

der Tourist
die Touristik
die Ralley
die Bar
der Klub

Allerhand los im Urlaub!! Da kannst'de was mitmachen!!

ARBEITSAUFTRAG

1. Lies die uralten Lehnwörter aus der lateinischen Sprache und ordne sie nach den Bereichen:
   BAUWESEN — GERÄTENAMEN — NAMEN FÜR BEHÄLTER — GARTENBAU und BERUFE/HANDEL.
2. Lies die jüngeren Fremdwörter aus dem Lateinischen und ordne diesen Fachausdrücken ihre deutsche Bezeichnung zu. (Für 11 Fremdwörter gibt es keine deutsche Bezeichnung.)

---

1. In der Wortliste findest du modische Fremdwörter aus Reiseprospekten. Ordne sie nach den Begriffen:
   WOHNEN — VERGNÜGEN — SPORT — EINKAUFEN — REISEN — VERSCHIEDENES.
2. Überlege, warum man in Werbeprospekten so viele Fremdwörter verwendet.

WORTGRAMMATIK — NOMEN

Am Fußgängerüberweg

Dem FAHR/KRAFT/ER werden die Überwege für GÄNG/FUSS/ER durch rote ZEICHEN/GE/FAHREN in einiger FERN/ENT/UNG vor dem Zebrastreifen und durch das blaue ZEICHEN/RICHT unmittelbar davor

angekündigt. Auf der BAHN/FAHR selbst sind für den Straßenpassanten Zebrastreifen markiert. Fußgänger sind verpflichtet, nach KEIT/LICH/MÖG diese Zebrastreifen beim Überqueren der Straße zu benutzen. Hier genießen sie den besonderen Schutz des KEHRS/VER/RECHTES. Auf STREIFEN/ZEBRA und näher als 5 m davor besteht für FAHRER/AUTO VER/HALTE/BOT und natürlich auch BOT/VER/PARK. Vor WEGEN/ÜBER für Fußgänger müssen alle Fahrzeuge mit NAHME/AUS von Schienenfahrzeugen ihre SCHWIND/GE/KEIT/IG drosseln. Bei einer STOCK/VER/KEHRS/UNG dürfen diese Fahrzeuge nicht auf dem Überweg stehen bleiben. An einer Kreuzung oder MÜND/EIN/UNG müssen einbiegende Fahrzeuge auf Fußgänger besonders SICHT/RÜCK nehmen, auch dann, wenn kein Zebrastreifen dem Fußgänger besonderes RECHT/VOR einräumt.

Präfix-Ableitungen

ENT-
werfen → Entwurf
ziehen → Ent_____
schließen → Ent_____
gelten → Ent_____

VOR-
werfen → Vorwurf
ziehen → Vor_____
gehen →
springen →

VER-
denken → Verdacht
binden → Ver_____
brauchen →
dienen →

BE-
stehen → Bestand
rufen → Be_____
dürfen →
weisen →

ER-
setzen → Ersatz
tragen → Er_____
werben →
lösen →

INFO 8: Bildung neuer Nomen

1. Die sog. WORTBILDUNG aus heimischen oder fremden Sprachelementen ist heute die wichtigste Möglichkeit, neue Benennungen zu schaffen. Dabei unterscheidet man zwei BAUFORMEN:
   - die ZUSAMMENSETZUNGEN und
   - die ABLEITUNGEN.
2. Die Zusammensetzungen erfolgen nach einem bestimmten MUSTER:
   - Bautyp 1: Nomen + Nomen (NN) ——— HAUS*TÜR*.
   - Bautyp 2: Verb + Nomen (VN) ——— FAHR*RAD*.
   - Bautyp 3: Adjektiv + Nomen (AN) ——— BLAU*TON*.
   - Bautyp 4: Partikel + Nomen (PN) ——— HINTER*TÜR*.

   Das zusammengesetzte Nomen besteht aus einem GRUNDWORT (z. B. *-tür*) und einem BESTIMMUNGSWORT (z. B. Haus- oder Hinter-). Es erhält den Artikel des Grundwortes: *die* Haus*tür*.
3. Bei den Ableitungen unterscheidet man:
   - innere Ableitungen, wie z. B. graben — die Grube,
   - äußere Ableitungen, wie z. B. *Ein* — münd — *ung*, *Vor*-recht ...
4. Die Ableitungen erfolgen mit bestimmten sprachlichen Mitteln: Bauteile der „ableitenden" Wortbildung sind:
   VORSILBEN oder PRÄFIXE: ver-, vor-, ent-, be-, ge- usw.
   NACHSILBEN oder SUFFIXE: -ung, -heit, -keit, -schaft usw.

folgen! folglich? Erfolge???

ARBEITSAUFTRAG

1. Lies den Text aus der „Kleinen Fahrschule" mit den „verrückten" Zusammensetzungen.
2. Stelle die Zusammensetzung richtig und ordne sie nach der Art ihrer Wortbildung: nach Zusammensetzung und Ableitungen.
3. Ergänze die Tabelle; verwende das Wortmaterial des Fahrschultextes und des Informationstextes.

---

1. In der Wortliste entstehen durch Ableitung abstrakte Nomen.
2. Ordne sie nach ihrer Vorsilbe (= Präfix) in Tabellen ein und ergänze die Wortgruppen.

WORTGRAMMATIK — NOMEN

Rollentausch

Verb ——— Nomen

Verb	Nomen
üben	ÜBUNG
enden	.....
wirken	.....
beleben	.....
bemerken	.....
erkranken	.....
betrachten	.....
aufbereiten	.....
beschäftigen	.....
entschuldigen	.....
überanstrengen	.....
vernachlässigen	.....
.....	VORAUSBERECHNUNG
.....	UNTERSTREICHUNG
.....	UNTERZEICHNUNG
.....	VERDÄCHTIGUNG
.....	BESICHTIGUNG
.....	BELUSTIGUNG
.....	VERACHTUNG
.....	SPRENGUNG
.....	PRELLUNG
.....	KÜHLUNG
.....	EHRUNG
ölen	ÖLUNG

Adjektiv ——— Nomen

Adjektiv	Nomen
wahr	WAHRHEIT
schön	.....
gleich	.....
korrekt	.....
befangen	.....
zerstreut	.....
bescheiden	.....
ausgelassen	.....
entschlossen	.....
.....	UNBEHERRSCHTHEIT
.....	UNZUFRIEDENHEIT
.....	UNBESONNENHEIT
.....	ZUFRIEDENHEIT
.....	VERLEGENHEIT
.....	GEWANDTHEIT
.....	SELTENHEIT
.....	KRANKHEIT
klug	KLUGHEIT

Suffix-Ableitungen

-UNG
Gefahr
→ Gefährdung
Wald
→ W_____
Zeit
→ Z_____
Land
→ L_____

-LING
jung
→ Jüngling
feig
→ F_____
flüchten
→ F_____
saugen
→ S_____

-STOFF
wirken
→ Wirkstoff
bauen
→ B_____
zünden
→ Z_____
nähren
→ N_____

-ZEUG
fahren
→ Fahrzeug
fliegen
→ F_____
spielen
→ Sp_____
wirken
→ Werk_____

-MITTEL
helfen
→ Hilfsmittel
heilen
→ H_____
leben
→ L_____
waschen
→ W_____

Schlafmittel

ARBEITSAUFTRAG

1. Löse beide Aufgaben nach dem vorgegebenen Muster.
2. Stelle weitere Suffixableitungen nach dem gleichen Muster her.
3. Ordne — soweit möglich — die abgeleiteten Nomen auch nach Präfixen, wie Vor-, Un-, Be- usw.

1. In der Wortliste entstehen aus Nomen, Verben und Adjektiven durch Suffix-Ableitung Gattungsnamen und abstrakte Nomen.
2. Trage die neuentstandenen Nomen in eine Suffix-Tabelle ein und ergänze die Wortlisten.

WORTGRAMMATIK — NOMEN

Wortwechsel

VERB →	NOMEN →	ADJEKTIV →	NOMEN
feiern →	Feier →	feierlich →	Feierlichkeit
fahren →	Gefahr →	gefährlich →	G . . . . .
fragen →	Frage →	f . . . . . →	. . . . .
nutzen →	N . . . . . →	. . . . . →	. . . . .
ärgern →	. . . . . →	. . . . . →	. . . . .
ehren →	. . . . . →	. . . . . →	. . . . .
lieben →	. . . . . →	. . . . . →	. . . . .
räumen →	. . . . . →	. . . . . →	. . . . .
kosten →	. . . . . →	. . . . . →	. . . . .
reden →	. . . . . →	. . . . . →	. . . . .
	Weib →	. . . . . →	. . . . .
	Kind →	. . . . . →	. . . . .
	Mensch →	. . . . . →	. . . . .
	Freund →	. . . . . →	. . . . .
	Herr →	. . . . . →	. . . . .

VERB →	NOMEN	ADJEKTIV →	NOMEN
lenken →	Gelenk →	gelenkig →	Gelenkigkeit
rüsten →	Gerüst →	rüstig →	R . . . . .
trauern →	Trauer →	. . . au . . . →	. . . . .
schulden →	. . . u . . . →	. . . u . . . →	. . . . .
ausgeben →	. . . a . . . →	. . . ie . . . →	. . . . .
färben →	. . . a . . . →	. . . a . . . →	. . . . .
glauben →	. . . au . . . →	. . . äu . . . →	. . . . .
bestehen →	. . . a . . . →	. . . ä . . . →	. . . . .
wenden →	. . . e . . . →	. . . e . . . →	. . . . .
brechen →	. . . u . . . →	. . . ü . . . →	. . . . .
fallen →	. . . a . . . →	. . . ä . . . →	. . . . .
schlafen →	. . . a . . . →	. . . ä . . . →	. . . äfr . . .
tun →	. . . a . . . →	. . . ä . . . →	. . . ät . . .
machen →	. . . a . . . →	. . . ä . . . →	. . . äch . . .
heilen →	. . . ei . . . →	. . . ei . . . →	. . . . .

Wortbildung

-WERK
treiben → Triebwerk
zählen → Z_____
Kunst → K_____
Feuer → F_____

-WERT
nähren → Nährwert
schätzen → Sch_____
Geld → G_____
Sache → S_____

-GUT
Dieb → Diebesgut
Hof → H_____
Fracht → F_____
leer → L_____

-MUT
hoch → Hochmut
über → Ü_____
wagen → W_____
edel → E_____

GE
Berg → Gebirge
Busch → Ge_____
Mauer → Ge_____
Strauch → Ge_____

Nug? Genug!

ARBEITSAUFTRAG

1. Lies die Liste der Verben, Nomen und Adjektive in Pfeilrichtung.
2. Schließ die Lücken durch innere und durch äußere Ableitungen. Achte dabei auf Veränderungen des Stammvokals (brechen — Bruch!).
3. Kannst du weitere Wortfamilien auf diese Weise zusammenstellen?

1. In der Wortliste werden durch äußere Ableitung (Suffix und Präfix) neue Nomen gebildet.
2. Ordne die Nomen nach ihrer Bildungssilbe und ergänze die Wortgruppen.

WORTGRAMMATIK — NOMEN

Witzkiste

Kaum ist die Familie aus der Kirche zurück, beginnt der Vater auch schon mit Meckern. Über die Predigt, den Kirchenchor, den Organisten. Nach einer Weile mischt sich sein Sohn ins Gespräch: „Weißt du, Papa", sagt er, „für die fünf Pfennig Eintrittsgeld, die du für vier Personen in den Opferstock geworfen hast, war das ein ganz anständiges Programm!"

Die Schulklasse soll einen Aufsatz zum Thema „Wie hast Du Deine Ferien verbracht?" schreiben. Als der Lehrer *das Heft des Faulpelzes* Petermann aufschlägt, findet er nur einen Satz: „Danke, ausgezeichnet, und Sie?"

Der Fahrkartenkontrolleur ertappt einen Reisenden ohne Fahrkarte. Nach einem wütenden Wortwechsel verliert der Beamte die Nerven. Er nimmt den Koffer des Schwarzfahrers und droht: „Wenn Sie nicht sofort bezahlen, werfe ich Ihren Koffer aus dem Zug!" Zornig schreit der Reisende: „Genügt es Ihnen nicht, mich zum armen Mann zu machen? Wollen Sie auch noch meinen Sohn verletzen?"

Ein Herr ging zum Fotografen und sagte: „Machen Sie bitte ein Gruppenbild von mir." Darauf der Fotograf: „Na schön, dann stellen Sie sich im Halbkreis hin."

Die vier Fälle

➡ der Mann
  des Mann..
  dem Mann (e)
  den Mann

➡ die Männ..
  der Männ..
  den Männ...
  die Männ..

➡ die Frau
  der Frau
  der Frau
  die Frau

➡ die Fra..
  der Frau..
  den Frau..
  die Fra..

➡ das Kind
  des Kind..
  dem Kind (e)
  das Kind

➡ die Kind..
  der Kind..
  den Kind...
  die Kind..

➡ der Knabe
  des Knabe.
  dem Knabe.
  den Knabe.

➡ die Knabe.
  der Knabe.
  den Knabe.
  die Knabe.

➡ der Nachbar
  des Nachbar.
  dem Nachbar
  den Nachbar
  die Nachbar.
  der Nachbar.
  den Nachbar.
  die Nachbar.

INFO 9: Gestaltform der Nomen

1. Wer das Nomen betrachtet, kann sehen, daß es eine besondere GESTALTFORM mit bestimmten Erkennungsmerkmalen besitzt.
2. Das Nomen wird in der Regel von einem Beiwort (= ARTIKEL) begleitet: dem sog. BEGLEITER des Nomens: *die* Familie, *der* Vater.
3. Nomen und Artikel bilden zusammen eine „Arbeitsgemeinschaft" mit gemeinsamer Prägung: Sie sind geprägt
   - durch die 3 GESCHLECHTSFORMEN
     - maskulin (= männlich): *der* Vater
     - feminin (= weiblich): *die* Predigt
     - neutrum (= sächlich): *das* Heft
   - durch die 2 BESTIMMUNGSFORMEN
     - definit (= bestimmt): die Weile
     - indefinit (= unbestimmt): eine Weile
   - durch die 2 ZÄHLFORMEN
     - Singular (= Einzahl): Vater
     - Plural (= Mehrzahl): Väter
   - durch die 4 FALLFORMEN
     - Nominativ (= Wer-Fall): die Schulklasse
     - Genitiv (= Wes-Fall): des Faulpelzes
     - Dativ (= Wem-Fall): dem Zug
     - Akkusativ (= Wen-Fall): den Organisten

   (Ein Nomen mit Artikel in die 4 Fälle setzen nennt man BEUGUNG oder DEKLINATION.)
   Zur Orientierung: ● das Genus, die Genera
   ● der Numerus, die Numeri ● der Kasus, die Kasus

DIE BESBANDE
DER BESBANDE
DER BESBANDE
DIE BESBANDE
DIEBESBANDE

ARBEITSAUFTRAG

1. Lies die Witze aus der Witzkiste und unterstreiche die Nomen mit allen Erkennungsmerkmalen.
2. Ordne sie in Tabellen: A nach den 3 Geschlechtsformen der — die — das, B nach den 2 Bestimmungsformen der/die/das — ein/eine/ein, C nach den 2 Zählformen Einzahl — Mehrzahl
3. Bilde zu den Einzahlformen die Mehrzahl.

1. Die Nomen der Wortliste sind Musterfälle der Deklination.
2. Lies sie laut „herunter" mit den fehlenden Fallmerkmalen.

WORTGRAMMATIK — **NOMEN**

Die Deklination der Nomen

B. Starke Deklination

NUMERUS	KASUS	GENUS		
		maskulin	feminin	neutrum
Singular	Nominativ	der Mann	die Mutter	das Schiff
		ein Mann	eine Mutter	ein Schiff
	Genitiv	des Mannes	der Mutter	des Schiffes
		eines Mannes	einer Mutter	eines Schiffes
	Dativ	dem Mann(e)	der Mutter	dem Schiff(e)
		einem Mann(e)	einer Mutter	einem Schiff(e)
	Akkusativ	den Mann	die Mutter	das Schiff
		einen Mann	eine Mutter	ein Schiff
Plural	Nominativ	die Männer	die Mütter	die Schiffe
		Männer	Mütter	Schiffe
	Genitiv	der Männer	der Mütter	der Schiffe
		? —	? —	? —
	Dativ	den Männern	den Müttern	den Schiffen
		Männern	Müttern	Schiffen
	Akkusativ	die Männer	die Mütter	die Schiffe
		Männer	Mütter	Schiffe

A. Schwache Deklination

NUMERUS	KASUS	GENUS		
		maskulin	feminin	neutrum
Singular	Nominativ	der Knabe	die Frau	
		ein Knabe	eine Frau	
	Genitiv	des Knaben	der Frau	
		eines Knaben	einer Frau	
	Dativ	dem Knaben	der Frau	
		einem Knaben	einer Frau	
	Akkusativ	den Knaben	die Frau	
		einen Knaben	eine Frau	
Plural	Nominativ	die Knaben	die Frauen	
		Knaben	Frauen	
	Genitiv	der Knaben	der Frauen	
		? —	? —	
	Dativ	den Knaben	den Frauen	
		Knaben	Frauen	
	Akkusativ	die Knaben	die Frauen	
		Knaben	Frauen	

Gemischte Deklination

- der See
  des Sees
  dem See
  den See
- die Seen
  der Seen
  den Seen
  die Seen
- der Staat
  des Staates
  dem Staat(e)
  den Staat
- die Staaten
  der Staaten
  den Staaten
  die Staaten
- das Ohr
  des Ohres
  dem Ohr(e)
  das Ohr
- die Ohren
  der Ohren
  den Ohren
  die Ohren
- das Ende
  des Endes
  dem Ende
  das Ende
- die Enden
  der Enden
  den Enden
  die Enden
- der Bauer
  des Bauern/Bauers
  dem Bauern/Bauer
  den Bauern/Bauer
- die Bauern
  der Bauern
  den Bauern
  die Bauern

*der Stumpfsinn
des Stumpfsinns
dem Stumpfsinn
den Stumpfsinn...
und der Sinn?*

ARBEITSAUFTRAG

1. In den beiden Tabellen ist die Gestaltform des Nomens mit allen möglichen Erkennungsmerkmalen übersichtlich dargestellt.
2. Präge dir jedes Deklinationsbeispiel ein.
3. Dekliniere folgende Nomen: der Bart, der Tisch, der Leib, der Garten, der Uhu, der Lehrer, der Wald, das Schaf, das Brett, das Floß, die Kraft, die Mutti — ferner: der Mensch, der Hase, die Gabe.

1. Die Nomen der Wortliste werden in der Einzahl „stark" und in der Mehrzahl „schwach" dekliniert.
2. Dekliniere folgende Beispiele: der Nachbar, der Spaten, das Bett, der Haken.

WORTGRAMMATIK — NOMEN

Witze mit Pfiff

Der Richter will von einer Zeugin wissen, wie alt sie sei. Die Zeugin schweigt. Er fragt noch einmal. Die Frau macht den Mund nicht auf. Da ruft der Richter drohend: „Wenn Sie Ihr Alter nicht sofort angeben, lasse ich Sie von den Zuschauern schätzen."

✪

In einem Restaurant, in dem eine kleine Kapelle spielt, wird ein mürrischer Gast vom Geiger gefragt: „Verzeihung, haben Sie das Stück von Mozart bestellt?" „Nein, mein Herr", antwortet dieser verwirrt, „ich habe Schweinebraten mit Kartoffeln bestellt!"

✪

„Regnet es hier immer?" fragt der Gast einen Einheimischen. „Nur im Sommer", antwortet dieser, „im Winter schneit es!"

✪

Zwei Männer gehen durch die Straßen der Stadt. Sie trotten hintereinander her und haben die linke Hand erhoben. Ein Herr fragt sie nach dem Grund dieses seltsamen Benehmens. Da sieht sich der eine verwundert um und sagt: „Himmel, Alex, jetzt haben wir den Balken liegen lassen!"

✪

Ein Bauer sagt wütend zu seinem Nachbarn: „Ihr Hund hat soeben eines meiner Hühner gefressen!" „Gut, daß ich das weiß", antwortet dieser gelassen, „dann kriegt der Schlingel heute nichts mehr zu fressen!"

✪

Ein Weltenbummler erzählt: „Plötzlich stand der Löwe vor mir: mitten in der Wüste! Und ich hatte mein Gewehr im Zelt liegen lassen. Ich rannte um mein Leben und im letzten Augenblick konnte ich auf einen Baum klettern..." „Aber in der Wüste gibt es doch keine Bäume?" wirft ein Zuhörer schüchtern ein. „Mann!" sagt der Großwildjäger, „das war mir doch in diesem Augenblick völlig egal!"

KASUS + NUMERUS

Singular				Plural			
1.	2.	3.	4.	1.	2.	3.	4.
–	–	–	–	–	–	–	–
X	–	–	–	–	–	–	–
X	–	–	X	–	–	–	–
–	–	–	X	–	–	–	–
–	–	–	–	–	–	X	–
–	–	–	–	–	–	–	–
1.	2.	3.	4.	1.	2.	3.	4.

Vorsicht Plural!

ein Band — Bänder
ein Band — Bände

ein Leiter — Leiter
eine Leiter — Leitern

ein Flur — Flure
eine Flur — Fluren

ein Bauer — Bauern
ein Bauer — Bauer

ein Kiefer — Kiefer
eine Kiefer — Kiefern

ein Marsch — Märsche
eine Marsch — Marschen

ein Schild — Schilder
ein Schild — Schilde

eine Steuer — Steuern
ein Steuer — Steuer

ein Stift — Stifte
ein Stift — Stifte

ein Heide — Heiden
eine Heide — Heiden

ein Tor — Toren
ein Tor — Tore

eine Wehr — Wehren
ein Wehr — Wehre

eine Bank — Banken
eine Bank — Bänke

ein Mann — Männer
ein Mann — Mannen

eine Mutter — Mütter
eine Mutter — Muttern

ein Rat — Räte
ein Rat — Ratschläge

ein Strauß — Sträuße
ein Strauß — Strauße

ein Tuch — Tücher
ein Tuch — Tuche

ein Wort — Wörter
ein Wort — Worte

eine Weise — Weisen
eine Weise — Weisen

der Mohr — die Möhren?

ARBEITSAUFTRAG

1. Lies die „Witze mit Pfiff" und setze die markierten Nomen „in Gedanken" in die vier Fälle.
2. Kreuze in der Tabelle den Fall an, in den das bezeichnete Nomen „hineingebeugt" worden ist.

---

1. In der Wortliste sind Wortpaare zusammengestellt, die bei gleicher Form im Singular verschiedene Bedeutung haben. Sie bilden aber unterschiedliche Pluralformen.
2. Verwende die Pluralformen in Sätzen.

WORTGRAMMATIK

NOMEN

Das Pferd
Informationen aus einem Biologiebuch

Zusammen mit Ur und Wisent lebten einst in den weiten Grasfluren unserer Heimat auch wilde Pferde. Sie wurden von unseren Vorfahren gejagt und – wie das Wildrind – gezähmt. Im heutigen Deutschland starben die WILDPFERDE nach dem 8. Jahrhundert aus.

Durch sorgfältige Züchtung entstanden aus den Wildformen die heutigen Rassen, die VOLLBLUT-, WARMBLUT- und KALTBLUTPFERDE. Vollblutpferde zeichnen sich durch große Schnelligkeit und Ausdauer aus. Es sind lebhafte, schlanke, edle Tiere, die als REIT- und RENNPFERDE dienen. Die bekanntesten Vollblütler sind die ARABER. Warmblutpferde sind dagegen etwas schwerer und ruhiger. Es sind die typischen KUTSCHPFERDE, die WAGENPFERDE, die ARBEITSPFERDE des Bauern. Edle Warmblutpferde sind zum Beispiel die LIPIZZANER aus dem früheren österreichischen Hofgestüt und die TRAKEHNER aus dem preußischen Staatsgestüt in Ostpreußen. Die Kaltblutpferde sind ruhige, schwere Arbeitspferde mit langsamer Gangart und großer Kraft. Sie werden volkstümlich auch als ACKERGÄULE bezeichnet und wurden noch vor 50 Jahren in den Kohlengruben als GRUBENPFERDE zum Abtransport der Kohlen eingesetzt. Zu den kleineren Pferderassen zählen die PONYS. Am bekanntesten sind das ISLAND- und das SHETLANDPONY.

Das männliche Pferd heißt HENGST, das weibliche STUTE. Das Jungtier, das FOHLEN wird eine Zeitlang von der Mutter gesäugt, folgt ihr aber schon unmittelbar nach der Geburt auf die Weide...

Wortfeld „Pferd"

das Roß
der Schimmel
der Hengst
das Fohlen
der Araber
das Vollblut
das Pony
das Kutschpferd
das Schaukelpferd
das Zugpferd
der Gaul
der Klepper
der Rappe
der Falbe
die Stute
der Wallach
der Trakehner
der Lipizzaner
das Warmblut
das Kaltblut
das Steckenpferd
das Dampfroß
das Wildpferd
das Arbeitspferd
das Zirkuspferd
das Springpferd
das Flußpferd
der Mustang
die Mähre
der Fuchs
das Stahlroß
das Seepferdchen
das Reitpferd
der Einjährige
der Ackergaul
der Apfelschimmel
das Nilpferd
das Dressurpferd
die Schindmähre
der Zweijährige
das Füllen
das Turnierpferd
der Scheck

INFO 10: Bedeutungsinhalt der Nomen

1. Wer über das Nomen nachdenkt, erkennt, daß es einen bestimmten BEDEUTUNGSINHALT mit besonderen Unterscheidungsmerkmalen besitzt.
2. Auf den ersten Blick ist das Nomen als Wortzeichen der Name für dieses oder jenes „Ding": Pferd – Tulpe – Stein – Geduld...
3. Bei näherer Betrachtung ist das Nomen ein „geordnetes Bündel" von BEDEUTUNGSMERKMALEN:
   „Stute" bedeutet im einzelnen: ● 1. Lebewesen ● 2. Tier
   ● 3. Säugetier ● 4. Huftier ● 5. Unpaarzeher ● 6. Pferd
   ● 7. weibliches Pferd
4. In einer Sachgruppe von Wörtern, einer WORTREIHE, unterscheidet sich der Bedeutungsinhalt eines Worte klar und deutlich von jedem anderen: der Lenker – der Handgriff – die Fahrradglocke – die Handbremse – der Scheinwerfer – der Scheinwerferhalter...
5. Andererseits gibt es aber auch bedeutungsähnliche Nomen, die zusammen ein WORTFELD bilden: der Gaul – das Roß – der Hengst – das Fohlen – das Vollblut – das Pony... bilden das Wortfeld „PFERD".

Ein geflecktes Pferd ist ein Scheck. Und ein geflecktes Postpferd ist ein Postscheck.

ARBEITSAUFTRAG

1. Lies den Lehrbuchtext und stelle die Bezeichnungen für den Lehrgegenstand „Pferd" in einem Wortfeld zusammen.
2. Kennzeichne die „Feldangehörigen" durch eine nähere Bestimmung. Beispiel: Wildpferde leben in freier Wildbahn. Ein Fohlen ist...

1. Lies das vollständige Wortfeld „PFERD" und scheide die „falschen" Pferde aus.
2. Ordne die Nomen tabellenartig nach bestimmten Bedeutungsmerkmalen, wie z. B. Aussehen, Verwendung, Rasse, Farbe usw.

WORTGRAMMATIK — NOMEN

Das Ding und seine Bezeichnung: eine WORTREIHE

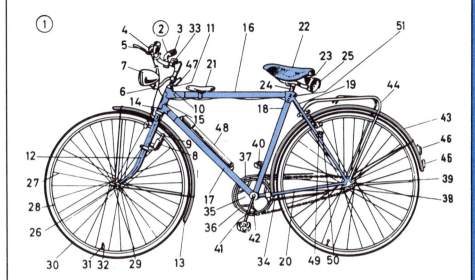

Eine Menge Dinge — eine Reihe Wörter

1 das Fahrrad (Rad, Zweirad, *schweiz.*, Veloziped), ein Herrenfahrrad n, ein Tourenrad n
2 der Lenker (die Lenkstange), ein Tourenlenker m
3 der Handgriff (Griff)
4 die Fahrradglocke (Fahrradklingel)
5 die Handbremse (Vorderradbremse)
6 der Scheinwerferhalter
7 der Scheinwerfer (die Fahrradlampe)
8 der Dynamo (die Lichtmaschine)
9 das Laufrädchen
10 – 12 die Vorderradgabel:
10 der Gabelschaft (Lenkstangenschaft, das Gabelschaftrohr)
11 der Gabelkopf
12 die Gabelscheiden f
13 das vordere Schutzblech
14 – 20 der Fahrradrahmen (das Fahrradgestell):
14 das Steuerrohr (Steuerkopfrohr)
15 das Markenschild
16 das obere Rahmenrohr (Oberrohr, Scheitelrohr)
17 das untere Rahmenrohr (Unterrohr)
18 das Sattelstützrohr (Sitzrohr)
19 die oberen Hinterradstreben f
20 die unteren Hinterradstreben f (die Hinterradgabel)
21 der Kindersitz
22 der Fahrradsattel (Elastiksattel)
23 die Sattelfedern f
24 die Sattelstütze
25 die Satteltasche (Werkzeugtasche)
26 – 32 das Rad (Vorderrad):
26 die Nabe
27 die Speiche
28 die Felge
29 die Flügelmutter
30 die Bereifung (der Reifen, Luftreifen, die Pneumatik, der Hochdruckreifen, Preßluftreifen); *innen:* der Schlauch (Luftschlauch) *außen:* der Mantel (Laufmantel der Decke)
31 das Ventil, ein Schlauchventil n, mit Ventilschlauch m oder ein Patentventil n mit Kugel f
32 die Ventilkappe
33 das Fahrradtachometer, mit Kilometerzähler m
34 der Fahrradkippständer
35 – 42 der Fahrradantrieb (Kettenantrieb)
35 – 39 der Kettenantrieb:
35 das Kettenrad (das vordere Zahnrad)
36 die Kette (Rollenkette)
37 der Kettenschutz (das Kettenschutzblech)
38 das hintere Kettenzahnrad (der Kettenzahnkranz, Zahnkranz)
39 der Kettenspanner
40 das Pedal
41 die Tretkurbel
42 das Tretkurbellager (Tretlager)
43 das hintere Schutzblech (der Kotschützer)
44 der Gepäckträger
45 der Rückstrahler (*ugs.* das Katzenauge)
46 das elektr. Rücklicht
47 das Rücklichtkontrollgerät
48 die Fahrradpumpe (Luftpumpe)
49 das Fahrradschloß, ein Speichenschloß n
50 der Patentschlüssel
51 die Fahrradnummer (Fabriknummer)

Gleiche Gestalt – verschiedene Bedeutung

der BULLE	=	STIER
die BULLE	=	GESETZ
der CHOR	=	?
das CHOR	=	?
?	=	UNGLÄUBIGER
?	=	LANDSCHAFT
der MAST	=	?
die MAST	=	?
?	=	LANDWIRT
?	=	VOGELKÄFIG
der MESSER	=	?
das MESSER	=	?
?	=	GELEHRTER
?	=	MELODIE
die SEE	=	?
der SEE	=	?
?	=	EINFAHRT/TÜR
?	=	NARR
der TEIL	=	?
das TEIL	=	?
?	=	KOPFBEDECKUNG
?	=	SCHUTZ
der HARZ	=	?
das HARZ	=	?
?	=	KÄUFER
?	=	NACHRICHT
der ERBE	=	?
das ERBE	=	?
?	=	GETREIDEART
?	=	DÜNNER ZWEIG
der EKEL	=	?
das EKEL	=	?
?	=	WASSERTROPFEN
?	=	HALTESEIL
die MARSCH	=	?
der MARSCH	=	?
?	=	eine FLUR?
?	=	ein FLUR??
und ein BAND?		
ein BAND??		
ein BUND???		
ein BUND????		

und was ist das? EIN HEIT, EIN WAND, EIN LASS?

ARBEITSAUFTRAG

1. Schau dir die Abbildung genau an und ordne den Bezeichnungen die Einzeldinge zu.
2. Schreibe Nummern mit Mehrfachbezeichnungen heraus und überlege, welches Bedeutungsmerkmal jeweils das Nomen bestimmt.

---

1. Lies die Wortpaare und ergänze jeweils die fehlende Wortgestalt oder den fehlenden Bedeutungsinhalt.
2. Bilde kurze satzartige Definitionen (Erklärungen) mit dem bestimmten Artikel.
   Beispiel: Der Chor ist eine Vereinigung von Sängern. Das Chor ist der Altarraum der Kirche.

WORTGRAMMATIK — NOMEN

Eine Menge Wörter – eine Reihe Bedeutungsmerkmale: das WORTFELD

Fahrzeuge und Behälter

Tretboot
Düsen-Jet
Becken
Netz
Weltraumfähre
Krug
Bottich
Segelboot
Dreirad
Dose
Faß
Postkutsche
Kinderwagen
Flasche
Korb
Koffer
Mofa
Omnibus
Köcher
Seilbahn
Futteral
Glas
Schlepplift
Kanu
Humpen
Hülse
Bob
Kapsel
Kanne
Ballon
Kessel
Karaffe
Kassette
Fähre
Kasten
LKW
Kelch
Panzer
Rucksack
Tank
Sauerstoffflasche
Sattelschlepper
Moped
Vase
Terrine
Flugzeug

FAHRZEUGE	Verwendungsbereich				Antriebskraft				
	Weltraumfahrzeug	Luftfahrzeug	Landfahrzeug	Wasserfahrzeug	Motorkraft	Menschenkraft	Tierkraft	Schwerkraft	Wind
Fahrrad			X			X			
Flugzeug									
Satellit									
Lokomotive									
Tretroller									
Motorrad									
Segelflugzeug									
Drachen									
Ruderboot									
Hubschrauber									
Schlitten									
Kutsche									
PkW									

BEHÄLTER	Verwendungsbereich			Materialbeschaffenheit					
	Flüssigkeiten	feste Gegenstände	Gase	Stein	Holz	Glas	Stoff	Metall	Leder
Becher	X							X	
Beutel		X					X		X
Brunnen									
Büchse									
Bütte									
Eimer									
Etui									
Sack									
Kiste									
Tonne									
Gasometer									
Tube									
Karton									

„Nicht aufregen!" sagt der Pilot auf dem SCHLEUDERSITZ, „ich hole Hilfe!"

ARBEITSAUFTRAG

1. Lies die Wortliste und ordne die beiden Wortgruppen den beiden Wortfeldern „Fahrzeug" und „Behälter" zu.
2. Schreibe (auch mit Hilfe des Lexikons!) eine kurze Bestimmung zu einer Reihe von Bezeichnungen.
   Beispiel: Ein Futteral ist . . .

1. Lies die Sachbezeichnungen und Begriffskennzeichen in den Tabellen und kreuze die jeweils zutreffenden Bedeutungsmerkmale wie in den Beispielen an.
2. Zeichne die Mustertabelle in dein Heft und ergänze die Wortfelder aus dem Wortmaterial der Wortliste.

WORTGRAMMATIK — NOMEN

 ## Im Namen des Fortschritts

Kein Platz für Indianer

Die Indianer vom Stamm der Crees in Kanada gehören zu den wenigen noch bestehenden Jägerkulturen der Welt. Doch ihre Zeit ist um: „Im Namen des öffentlichen Interesses" wurde ihr Schicksal besiegelt. 6000 Indianer sind kein Argument gegen die Interessen der Industrie.

Die Crees leben von Jagd und Fischfang

INFO 11: Funktionswert der Nomen

1. Im Satz sind neben dem sinntragenden Verb auch immer Nomen als „Mitspieler" beteiligt: sie erfüllen eine bestimmte Funktion.
2. Dabei können die Nomen in 5 verschiedenen Rollen auftreten:
   - als Benennung des SATZGEGENSTANDES (= Subjekt):
     Beispiel: *Die Indianer* leben von Jagd und Fischfang.
   - als Benennung der SATZAUSSAGE (= Prädikat):
     Beispiel: Die Crees sind *Indianer*.
   - als Benennung der SATZERGÄNZUNG (= Objekt):
     Beispiel: Industrieansiedlungen vertreiben *die Indianer*.
     In Kanada ist kein Platz *für Indianer*.
   - als Benennung besonderer UMSTÄNDE (= Adverbiale):
     Beispiele: *In den Indianerreservaten* entstehen Fabriken.
     Wegen der Indianer verzichtet die Regierung nicht auf Industrieansiedlungen.
   - als eine nähere KENNZEICHNUNG einer der 4 erwähnten Benennungen:
     Beispiele: Die Indianer *in Kanada* leben von Jagd und Fischfang.
     Die Crees sind Indianer *aus Kanada*.
     Die Industrie vertreibt die Indianer *Kanadas*.
     In Kanada ist kein Platz für Indianer *vom Stamm der Crees*.
     In den Indianerreservaten *Kanadas* entstehen Fabriken.
3. In den einzelnen Satzgliedern tritt das Nomen stets in ganz bestimmten Fällen auf: Das Subjekt steht im Wer-Fall, das Objekt steht im Wes-, Wem- oder Wen-Fall . . .

GENITIV

die alte Zeit
— gedenken
das Lob
— voll sein
der Täter
— habhaft werden
der Feind
— ansichtig werden
der Fehler
— sich bewußt sein
die Tat
— fähig sein
das Französische
— mächtig sein

DATIV

der Vater
— ähnlich sein
die Mutter
— gleichen
die alte Dame
— behilflich sein
der alte Herr
— helfen
der Schüler
— bekannt sein
die Schülerin
— gleichgültig sein
die Gefahr
— trotzen

AKKUSATIV

der Rasen
— betreten
die Reise
— buchen
das Spiel
— leiten
der Befehl
— ausführen
die Gefahr
— erkennen
das Zeugnis
— entgegennehmen
die Übung
— beenden

der Grammatik gewachsen sein!
der Übung überdrüssig sein!

ARBEITSAUFTRAG

2. Schreibe die markierten Nomen heraus und bestimme ihren Kasus (Fall).
3. Welche Nomen benennen den Satzgegenstand? Welche haben die Funktion (die Aufgabe), andere Nomen näher zu kennzeichnen?

1. Forme die Wortgruppen der Wortliste zu „verbalen Wortketten" um: *der alten Zeit* gedenken — *dem Vater* ähnlich sein — *den Rasen* betreten usw.
2. Ordne den Objekten im Wes-, Wem- und Wen-Fall ein Subjekt im Wer-Fall zu, so daß aus den „verbalen Wortketten" ganze Sätze entstehen: *Die Indianer* gedenken der alten Zeit. — *Die Kinder* betreten den Rasen.

WORTGRAMMATIK — NOMEN

DALL-GESCHICHTEN

Vorsicht, Genitiv!!

während

während	der	Dulle
ungeachtet	des	Dulls
außerhalb	der	Dulle
innerhalb	des	Dulls
diesseits	der	Dulle
jenseits	des	Dulls
unterhalb	der	Dulle
oberhalb	des	Dulls
trotz	der	Dulle
wegen	des	Dulls

GENITIV

mit	der	Dulle
nach	dem	Dull
von	der	Dulle
aus	dem	Dull
neben	der	Dulle
auf	dem	Dull
hinter	der	Dulle
in	dem	Dull
zur		Dulle
zum		Dull
am		Dull
im		Dull

DATIV

NOMINATIV

Der	Dall
Die	Dalle
Das	Dall
Die	Dalls
Ein	Dall
Eine	Dalle
	Dalls

→ dallt / dallen →

durch	die	Dulle
für	den	Dull
ohne	die	Dulle
um	den	Dull
gegen	die	Dulle
wider	den	Dull
an	die	Dulle
über	den	Dull
vor	die	Dulle
aufs		Dull
ans		Dull
durchs		Dull

AKKUSATIV

das Gewitter
— Schutz suchen
die Amtszeit
— Gesetz verabschieden
die Ferien
— Reise machen
der Sommer
— Reitschule besuchen
die Verhandlung
— Zeuge bestechen
die Halbzeit
— Mannschaft umstellen

wegen

der Lärm
— Wohnung wechseln
der Regen
— Ausflug verschieben
der Umzug
— Straße sperren
die Notlage
— Hilfe anbieten
das Foul
— Strafstoß geben
der Sturz
— Rennen aufgeben
das Eigentor
— Spiel gewinnen

trotz

die Anstrengung
— Ziel nicht erreichen
die Proteste
— Strafstoß geben
die Erkältung
— Training besuchen
die Gefahr
— Auftrag ausführen
der Regen
— Ausflug machen
die Niederlage
— Mut nicht verlieren
die Schonzeit
— Hasen schießen

| Eine Hexe | tanzt | auf dem Baum |

trotz des guten Unterrichtes... während der Grammatikstunde ein... schla... fen.

ARBEITSAUFTRAG

1. Lies die Dall-Geschichten.
2. Ersetze die „Dall-Nomen" und „Dall-Verben" durch bekannte Wörter und bilde lustige Sätze.

---

1. Bilde aus den einzelnen Wortgruppen der Wortliste „verbale Wortketten", indem du die Verhältniswörter „während" — „wegen" — „trotz" einfügst: ● während *des Gewitters* Schutz suchen
● wegen *des Lärms* die Wohnung wechseln ● trotz *der Anstrengung* das Ziel nicht erreichen.

WORTGRAMMATIK — NOMEN

Wichtige Hinweise für Fahrzeughalter

21.09.77

— Kraftfahrzeugsteuerbescheid. Formblatt S 6-3a (man)/Juni 71 —

```
PILNY MANFRED        111  1310     Amtliches Kennzeichen   111/E  HY 58/12
                                   Konten des Finanzamtes
ALTENDORFER 500                    PSCHA  ESSEN     13500-438
                                   LZB    ESSEN     360 01501
4300 ESSEN 11                      ST SPK ESSEN         261800
```

Kassenstunden montags bis freitags 8.00—12.30 Uhr

Bei Zahlungen, Überweisungen oder Schreiben bitte deutlich schreiben und das amtliche Kennzeichen angeben.

Unbare Zahlung erspart Wartezeiten in der Kasse! Wegen der Höhe des Aufgeldes (3 % bei halbjährlicher, 6 % bei vierteljährlicher und 8 % bei monatlicher Zahlung) empfiehlt sich möglichst jährliche Zahlung.

Ende der Steuerpflicht

1. Die Steuerpflicht endet im Falle der Abmeldung oder der Zwangsabmeldung mit Ablauf des Tages, an dem der Kraftfahrzeug- oder Anhängerschein der Zulassungsstelle zurückgegeben oder von ihr eingezogen und der Dienststempel auf dem Kennzeichen entfernt wird.
2. Die Steuerpflicht endet im Falle des Übergangs des Fahrzeugs auf einen anderen Steuerschuldner mit Ablauf des Tages, an dem die Anzeige über den Eigentumsübergang (§ 27 Abs. 3 StVZO) mit der Empfangsbescheinigung des Erwerbers bei der Zulassungsstelle eingegangen ist.
3. Die Steuerpflicht endet, wenn der regelmäßige Standort des Fahrzeuges verlegt und ein anderes Finanzamt zuständig wird, mit Ablauf des Tages, der dem Tage der Standortverlegung vorausgegangen ist. Als Tag der Standortverlegung gilt der Tag, an dem die zuständig gewordene Zulassungsstelle den neuen Kraftfahrzeug- oder Anhängerschein ausgehändigt und das neue Kennzeichen abgestempelt hat . . .

INFO 12: Wirkungsweise des Nomens

1. Jede sprachliche Ausdrucksform hat ihre Eigenart und Wirkungsweise.
2. Die nominale Sprech- und Schreibweise zeichnet sich durch die Verwendung vieler Nomen, und vor allem abstrakter Nomen aus.
3. Als „Dingwortkrankheit" wirkt der Nominalstil trocken und starr, unanschaulich und schwerverständlich.
4. Aber wie jede Stilform besitzt auch der NOMINALSTIL sein besonderes Leistungsvermögen:
   - Sinnlich wahrnehmbare Gegenstände werden durch Nomen überhaupt erst sprachlich verfügbar, wie z. B. „Dinge" im Raum: Tisch, Mensch, Hund, Messer . . . oder „Dinge" in der Zeit: Woche, Jahr, . . . Springen, Sprung . . .
   - Geistig wahrnehmbare Gegenstände werden darüberhinaus auch noch anschaulich, wie z. B. „Dinge" in Gedanken: das Wenn und Aber, . . . oder „Dinge" in Gefühlen: Schwermut, Heiterkeit . . .
   - Inhalte ganzer Sätze können durch Nomen wiedergegeben werden. Dadurch vermeidet man verwickelte Sätze und erhält gleichzeitig „verdichtete" Aussagen: *Mit der Verhaftung des Mörders* ist der Polizei ein entscheidender *Schlag gegen das Verbrechertum* gelungen.

Nominalstil

zum Einsturz bringen

zur Explosion . . .
in Erfahrung . . .
zur Sprache . . .
zum Kochen . . .
zum Ausdruck . . .
zur Kenntnis . . .
zum Halten . . .

in Bewegung setzen

in Umlauf . . .
in Gang . . .
in Brand . . .
in Erstaunen . . .
in Kenntnis . . .

zur Sache kommen

zur Sprache . . .
zum Abschluß . . .
zur Entscheidung . . .
in Fahrt . . .
zu Wort . . .
in Frage . . .

in Bewegung geraten

in Wut . . .
in Vergessenheit

zur Kenntnis gelangen

zur Anzeige . . .

zur Ehre gereichen

zum Ruhme . . .

zur Kenntnis nehmen

zu Protokoll . . .

Von weiteren Übungen Abstand nehmen!

ARBEITSAUFTRAG

1. Lies die „amtlichen Verlautbarungen" der Kraftfahrzeugstelle.
2. Überlege, wie es zu einer solchen „Schreibweise" kommt und was sie bewirken soll.
3. Bilde Sätze im NOMINALSTIL nach dem Musterbeispiel von INFO 12 (und zwar „unter Verwendung" von abstrakten Nomen mit den Endungen -nis, -heit, -ung, -keit usw.)

---

1. Lies die „verbalen Wortgruppen", indem du die fehlenden Verben ergänzt.
2. Bilde interessante Sätze mit solchen Verbfügungen. Beispiel: Der Sprengmeister brachte die baufällige Mauer zum Einsturz.

WORTGRAMMATIK — NOMEN

STILÜBUNGEN

VERBALER STIL	NOMINALER STIL
Als wir ankamen, ... ↔	Bei unserer Ankunft . . . . .
Als wir abreisten, ... →	Bei . . . .
Als sie . . . . ←	~~Bei ihrem Weggange . . . . . .~~
Während wir uns unterhielten, . . →	Während . . . .
Während . . . . ←	Während des Frühstücks . . . .
~~Während wir unterrichtet wurden .~~ →	Während . . . .
Bevor er . . . . ←	Vor dem Verlassen des Saales . . .
~~Bevor wir spielten, ...~~ →	Vor . . . .
Bevor man . . . . ←	~~Vor dem Verurteilen eines Menschen . . . .~~
~~Nachdem wir gearbeitet hatten, . .~~ →	Nach . . . .
Nachdem wir . . . . ←	Nach der Erringung des Sieges . .
~~Nachdem das Hallenbad wieder eröffnet worden war, ...~~ →	Nach . . . .
Wenn . . . . ←	Bei Nichtbefolgung des Gesetzes .
~~Wenn ihr den Saal betretet, ...~~ →	Beim . . . .
Wenn man . . . . ←	Bei Inanspruchnahme des Liftes . .
~~Wenn das Wetter schön ist, ...~~ →	Bei . . . .
Wenn . . . . ←	Bei Erkrankung eines Schülers . .
Obwohl er sich sehr anstrengte, . . →	Trotz . . . .
Obwohl er . . . . ←	Trotz großer Überlegenheit . . . .
Obwohl er krank war, ... →	Trotz . . . .
Obwohl ihm . . . . ←	Trotz des geglückten Sieges . . . .
Obwohl er sehr enttäuscht war, . . →	Trotz . . . .
Obwohl er . . . . ←	~~Trotz seiner Kenntnis des Problems . . . .~~
Weil er unaufmerksam war, ... →	Aus . . . .
Weil . . . . ←	~~Wegen des Fehlens eines Schülers~~
Weil der Fahrer zu müde war, . . . →	Wegen . . . .

Nominalstil → Verbalstil:

eine Entscheidung treffen	→ entscheiden!
seine Zustimmung erteilen	→ zu . . . . !
einen Beschluß fassen	→ ?
Widerspruch erheben	→ ?
für etwas Sorge tragen	→ ?
zum Abschluß bringen	→ ?
in Bewegung setzen	→ ?
in Gebrauch nehmen	→ ?
in Erfahrung bringen	→ ?
in Betracht ziehen	→ ?
in Vergessenheit geraten	→ ?
zum Ausdruck bringen	→ ?
zur Entscheidung bringen	→ ?
zur Ausführung gelangen	→ ?
in Erstaunen versetzt werden	→ ?
zur Überzeugung gelangen	→ ?
in hohem Ansehen stehen	→ ??

Nominalstil Verbalstil Besenstiel! Stilübungen Stilblüten Stielaugen!

ARBEITSAUFTRAG

1. Lies die Gegenüberstellung von Stilbeispielen und ergänze sie im Wechsel mit deinem Partner zu ganzen Sätzen.
2. Schreibe die stilistisch guten Beispiele auf. (Die „schlechten" Beispiele sind durchgestrichen.)

---

1. Lies die schwerfälligen Fügungen im Nominalstil.
2. Forme sie nach dem angegebenen Muster um in Verben.

WORTGRAMMATIK — VERB

Ein Roboterleben oder technisches „Mädchen für alles"

Was bisher nur in Science-Fiction-Filmen *vorkam*, *wird* demnächst im Laden um die Ecke zu *kaufen sein*. Roboter jeder Art, Ausführung und Preislage *locken* dann Käufer und Neugierige an. Eine amerikanische Firma *hat* solche elektronische Wunderwesen in Arbeit *gegeben*. In etwa zwei Jahren *sollen* die verschiedenartigsten Robotertypen fertig sein und ins Leben und in den Arbeitsalltag entlassen *werden können*. Rund 4000 Dollar *soll* ein solches Prachtexemplar zur Arbeitserleichterung und Arbeitsentlastung schon *kosten*. Sie werden als „Mädchen für alles" angepriesen und müssen angeblich folgende Pflichten übernehmen *können*: Türen *öffnen*, Gäste *anmelden*, Mäntel in Empfang nehmen, Mahlzeiten auftischen, Getränke *servieren*, Feuer melden, Diebe verscheuchen, Wasserschäden *feststellen*, Kinderspiel beaufsichtigen, Kinderschlaf überwachen, Spielzeug *wegräumen*, bei den Hausaufgaben *helfen*, in sechs Sprachen Rede und Antwort stehen.
Wenn das Mädchen für alles zu *stottern* beginnt, *muß* es schleunigst an der Steckdose neu *aufgeladen* werden.
Und wenn einem das teure Spielzeug verleidet ist?
Nun, dann *wird* man es wenigstens zu *schätzen* wissen, daß es noch M e n s c h e n *gibt*, die so herrlich lachen, fluchen, singen und reden können!

INFO 13: Einteilung der Verben (I)

1. VERBEN bezeichnen TÄTIGKEITEN, VORGÄNGE und ZUSTÄNDE.
2. Nach der GESTALTFORM unterscheidet man infinite und finite Verben.
   INFINITE VERBEN sind die Verbformen, die das Lexikon nennt:
   z. B. laufen, schweigen, schlafen, (= INFINITIV)
   laufend, schweigend, schlafend (= PARTIZIP PRÄSENS)
   gelaufen geschwiegen geschlafen (= PARTIZIP PERFEKT)
   FINITE VERBEN sind die grammatisch abgewandelten Verbformen, die konjugierten Verben.
   Die starke Veränderung der Gestaltform heißt: STARKE KONJUGATION. Beispiel: vorkam — lief — standen — sangst.
   Die schwache Veränderung der Gestaltform heißt SCHWACHE KONJUGATION. Beispiel: kosten — kostete — öffnen — öffnetest.
3. Nach dem BEDEUTUNGSINHALT unterscheidet man:
   TÄTIGKEITSVERBEN: Ich *spreche* mit dem Lehrer.
       Er *macht* Geschäfte.
   VORGANGSVERBEN: Es *regnet* Bindfäden.
       Der Unterricht *findet* statt.
   ZUSTANDSVERBEN: Peter *ist* mein Freund.
       Im Saal *herrscht* Ruhe.

TÄTIGKEITSverben
arbeiten
essen
schreiben
tun
wandern
schlagen
werfen
tanzen
springen
rechnen
zeichnen
fliegen
rennen
kämpfen

VORGANGSverben
frieren
regnen
scheinen
schneien
wehen
wachsen
blitzen
hageln
blühen
grünen
fließen
schmelzen
erlöschen
glimmen

ZUSTANDSverben
wohnen
bleiben
haben
leben
sein
besitzen
stehen
sich aufhalten
leiden an
bestehen aus
schlafen
weilen
hängen
liegen

Für manche Leute ist auch „blau" ein Zustandsverb. Prost!

ARBEITSAUFTRAG

1. Lies den Roboter-Text und entschlüssele die markierten VERBEN.
2. Schreibe die zahlreichen infiniten Verbformen des Typs „INFINITIV" heraus.
3. Stelle alle vorkommenden Verben nach ihrem Funktionswert (siehe Info!) in einer Tabelle zusammen.

---

1. Lies die einzelnen BEDEUTUNGSGRUPPEN von Verben.
2. Bilde Sätze, in denen deutlich wird
   — daß jemand *tätig* ist: Ich esse mein Pausenbrot.
   — daß etwas *vorsichgeht*: Die Blume blüht ... — daß etwas *besteht*: Das Bild hängt ...

WORTGRAMMATIK — VERB

A. Ausgleichstraining

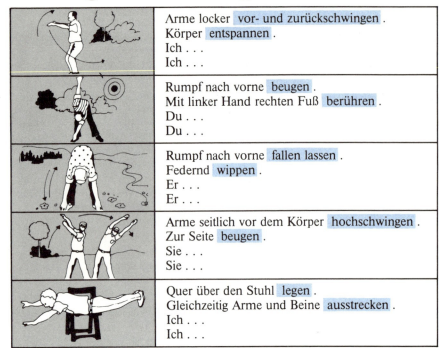

	Arme locker vor- und zurückschwingen. Körper entspannen. Ich ... Ich ...
	Rumpf nach vorne beugen. Mit linker Hand rechten Fuß berühren. Du ... Du ...
	Rumpf nach vorne fallen lassen. Federnd wippen. Er ... Er ...
	Arme seitlich vor dem Körper hochschwingen. Zur Seite beugen. Sie ... Sie ...
	Quer über den Stuhl legen. Gleichzeitig Arme und Beine ausstrecken. Ich ... Ich ...

Schwache Verben

- ☐ kaufen — gekauft
- ☐ lachen — ge........
- ☐ machen — ge........
- ☐ sagen — ge........
- ☐ beten — gebetet
- ☐ hüten — ge........
- ☐ deuten — ge........
- ☐ brüten — ge........
- ☐ wandern — gewandert
- ☐ klimpern — ge........
- ☐ flüstern — ge........
- ☐ donnern — ge........
- ☐ krächzen — ge........
- ☐ ächzen — ge........
- ☐ jauchzen — ge........
- ☐ schluchzen — ge........
- ☐ seufzen — ge........
- ☐ pinseln — gepinselt
- ☐ winseln — ge........
- ☐ wechseln — ge........
- ☐ marschieren — marschiert
- ☐ spazieren — spa........

B. Infinite Verbformen

Infinitiv	Partizip Präsens	Partizip Perfekt
laufen	laufend	gelaufen
....	schweigend	....
....	....	geritten
schlafen	....	....
....	....	geflohen
warten	....	....
....	lachend	....
....	....	geflogen
spielen	....	....
....	....	gelegen
....	....	gelegt
fallen	....	....
fällen	....	....
....	sitzend	....
....	setzend	....
springen	....	....
....	....	geschwungen
abschließen	abschließend	abgeschlossen

kreisch mampf! seufz... krächs!

ARBEITSAUFTRAG

2. Bilde die entsprechenden Sätze in den Personalformen des Singulars. Wiederhole die Übung im Plural: Wir ..., Ihr ..., Sie ...
3. Ergänze in der Tabelle B die fehlenden Infinitformen des Verbs.

1. Lies die Infinitive „schwacher" Verben samt ihrer Partizipformen.
2. Gebrauche das Partizip Perfekt jeweils „verbal" und „adjektivisch": Ich *habe* das Fahrrad *gekauft* — das *gekaufte* Fahrrad.
3. Notiere Satzbeispiele in dein Arbeitsheft.

WORTGRAMMATIK — VERB

Erst gurten, dann starten!

1. Autofahren macht Spaß, auch wenn du selbst noch eine Zeitlang warten mußt, bis du dich hinters Steuer klemmen darfst.
2. Denn du mußt 18 Jahre alt sein, bevor du den Führerschein machen kannst.
3. Aber du möchtest und kannst ja auch von deinem Vater als „Beifahrer" mitgenommen werden.
4. Du wirst auch schon wissen, daß es unglaublich gefährlich ist, als Kind vorne zu sitzen.
5. Geradezu tödlich kann es jedoch sein, sich dann nicht angegurtet zu haben.
6. Schon bei niedrigen Geschwindigkeiten wirst du wie ein Ball gegen das Armaturenbrett geworfen, wenn der Fahrer plötzlich bremsen muß.
7. Bei 100 und mehr „Sachen" mußt du so gegen die Scheibe knallen, daß es aus und vorbei ist.
8. Am allerbesten wirst du ohnehin auf dem Rücksitz aufgehoben sein.
9. Doch auch hier kann es nur von Vorteil sein, sich „anzuseilen".
10. Denn es ist erwiesen, daß Kinder bei einem Zusammenprall über den Vordersitz hinwegsausen und sich genauso den Kopf an der Scheibe einrennen, als wenn sie vorn säßen.
11. Schon manches Kind mag sich durch einen schnellen Gurt-Klick das Leben gerettet haben.
12. Deshalb solltest auch du die Regel beachten: Erst gurten, dann starten!

INFO 14: Einteilung der Verben (II)

1. Nach der FUNKTION unterscheidet man
   - 3 Hilfsverben: sein, werden, haben
   - 6 Modalverben: müssen, wollen, mögen, können, sollen, dürfen
   - und „unendlich" viele Vollverben: lesen, schlafen, tun ...
2. Man kann die Verben auch einteilen nach der Art und Weise, wie sie gebildet sind (= Wortbildung) und wie sie das Geschehen kennzeichnen (= Aktionsart).
3. Nach der WORTBILDUNG unterscheidet man
   - einfache Verben: sagen, laufen ...
   - zusammengesetzte Verben: danksagen, vorbeilaufen ...
   - abgeleitete Verben: entsagen, verlaufen ...
4. Nach der AKTIONSART unterscheidet man Verben, die angeben,
   - wie der Vorgang verläuft: erblühen — blühen — verblühen
   - was der Vorgang bewirkt: setzen (= sitzen bewirken)
   - was den Vorgang ausmacht: klären (= klar machen)
   Die Verben können aber auch ausdrücken,
   - daß sich der Vorgang verstärkt: festdrücken, schluchzen (= heftig schlucken)
   - oder wiederholt: sticheln (= wiederholt stechen).

Funktion der Verben

lesen
haben
können
dürfen
regieren
fehlen
mögen
sollen
sein
werden
hat
wird
steht
wirft
ist
hätte
wollen
konnte
gehabt
gesunken
sprangst
schliefst
durfte
bin
flögest
komm!
wurde
war
müßte
sollte
möchte
geht
aufhören
hast
gewollt
darf
geworden
bist
regnen
scheint
schreiben
müssen

Ich mag nicht! Ich muß?? Kein Mensch muß müssen! ...ich muß mal...

ARBEITSAUFTRAG

1. Lies die „lebenswichtige" Geschichte.
2. Schreib die bezeichneten Stellen als „verbale Wortketten" in der Infinitivform: eine Zeitlang warten müssen — hinters Steuer klemmen dürfen usw.
3. Notiere die Vollverben rot, die Modalverben blau, die Hilfsverben grün in das Haushaft.

1. In der Wortliste sind Vollverben, Modalverben und Hilfsverben gemischt.
2. Trenne sie nach ihrem Funktionswert und ergänze deine Tabelle:

Vollverben	Modalverben	Hilfsverben
vorkam	wird	hat

WORTGRAMMATIK — VERB

A. Modalverbkreisel

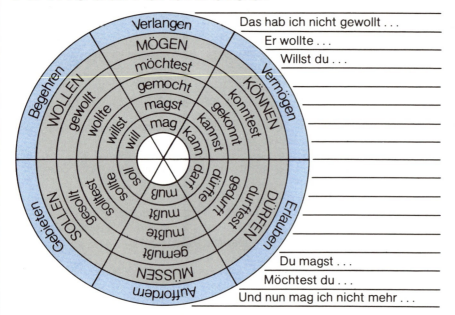

Das hab ich nicht gewollt . . .
Er wollte . . .
Willst du . . .

Du magst . . .
Möchtest du . . .
Und nun mag ich nicht mehr . . .

Vom Adjektiv zum Verb «Machverben»

scharf	machen	
=	schärfen	
spitz	machen	
=	?	
breiter	machen	
=	?	
dumm	machen	
=	?	
mutig	machen	
=	?	
ruhig	machen	
=	?	
dunkel	machen	
=	?	
klein	machen	
=	?	
sauber	machen	
=	?	
größer	machen	
=	?	
möglich	machen	
=	?	
schmutzig	machen	
=	?	
anschaulich	machen	
=	?	
schwer	machen	
=	?	
schlimmer	machen	
=	?	
heiter	machen	
=	?	
frisch	machen	
=	?	
schwarz	machen	
=	?	
glatt	machen	
=	?	
hart	machen	
=	?	

*gar nichts machen = faulenzen
alles machen = Streß!*

B. Aktionsarten des Verbs

Eintritt der Handlung		Andauer der Handlung		Einmalige Handlung		Wiederholte Handlung
erblühen	↔	blühen		stechen	↔	sticheln
erglühen	→	. . . .		platschen	→	. . . .
. . . .	←	klingen		. . . .	←	tänzeln
entbrennen	→	. . . .		spotten	→	. . . .
. . . .	←	flammen		. . . .	←	schütteln
einschlafen	→	. . . .		tropfen	→	. . . .
. . . .	←	schlummern		husten	←	klingeln
anzünden	→	. . . .		. . . .	←	säuseln
erbeben	↔	beben		neigen	↔	nicken
. . . .	←	brausen		**Andauer der Handlung**		**Abschluß der Handlung**
. . . .	←	wärmen		blühen	↔	verblühen
. . . .	←	bleichen		klingen	→	. . . .
. . . .	←	scheinen		glühen	←	. . . .
. . . .	←	schallen		. . . .	←	erschlagen
. . . .	←	glänzen		frieren	→	. . . .
. . . .	←	wachen		. . . .	←	aufessen
. . . .	←	tönen		heben	↔	. . . .
. . . .	←	staunen				
. . . .	←	zittern				
. . . .	↔	schrecken				

ARBEITSAUFTRAG

1. Schau dir den „Kreisel" mit seinen 6 Modalverben an.
2. Bilde Sätze, in denen ein Begehren, Verlangen, Vermögen usw. zum Ausdruck gebracht wird.
3. Ergänze die angedeuteten Beispiele und mach es mit den übrigen Modalverben ebenso.
4. Ergänze die fehlenden Aktionsverben der Tabelle B.

1. Lies die „adjektivischen Wortketten" (scharf machen) und ergänze die „Machverben" (schärfen).
2. Bilde Sätze, in denen auf ein „Objekt" eingewirkt wird: Der Metzger *schärft das Metzgermesser.*

WORTGRAMMATIK — VERB

VERBEN zusammengesetzt
Aus dem Sprachleben der Gegenwart

BLANKBOHNERNBLINDSCHREIBENBRACHLIEGENBREITTRETEN
DICHTHALTENFALSCHSPIELENFEILHALTENFEINMACHENFERTIG-
STELLENFESTSCHRAUBENFREISCHAUFELNGLATTBÜGELNGROSS-
ZIEHENGUTSCHREIBENHEISSLAUFENOFFENHALTENPLATT-
DRÜCKENRICHTIGSTELLENSAUBERHALTENSCHIEFLAUFEN
SCHLANKMACHENSCHÖNFÄRBENSICHERSTELLENSPITZKRIEGEN
STILLSITZENSTRAMMZIEHENGESUNDPFLEGENTIEFBOHRENTOT-
BEISSENTROCKENLEGENÜBELNEHMENVOLLGIESSENWUNDLIEGEN

DANKSAGENFEUERVERZINKENFORMGEBENHALTMACHENHAUS-
HALTENSACKHÜPFENSCHAUSTELLENSCHLITTENFAHRENSCHRITT-
HALTENSEILTANZENSTANDHALTENSTRAFVERSETZENWETTEIFERN
WORTHALTENZÄHNEFLETSCHENKEGELSCHIEBENKETTEN-
RAUCHENKOPFRECHNENMASCHINESCHREIBENPROBELAUFEN

HINABFAHRENHINFLIEGENHINANKRIECHENHINAUFGREIFENHIN-
AUSBLICKENHINDURCHZWÄNGENHINEINBLICKENHERÜBERBLIN-
ZELNHERUMGEBENHERUNTERHOLENHERVORWAGENHERAUS-
BEKOMMENABBLEIBENDABEILIEGENDAFÜRKÖNNENDAGEGEN-
SETZENDAHERBRAUSENDAHINFLIESSENDAHINTERKLEMMENDANE-
BENHAUENDAVONFLATTERNDAVORSPANNENDAZURECHNEN
DAZWISCHENBRÜLLENDORTBEHALTENEMPORARBEITENHOCH-
LEBENFORTSCHEUCHENWEGFAHRENWEITERBAUENHEIMFAHREN
ZURÜCKBIEGENRÜCKFRAGENANEINANDERBINDENAUFEINANDER-
TÜRMENBEIEINANDERHOCKENDURCHEINANDERWIRBELN

Präfixe

BE- — dienen, fahren, trachten, wirken, stehen, richtigen

DAR- — stellen, bieten, bringen, legen, reichen

ENT- — stehen, weichen, wickeln, fliehen, kommen, lassen, wenden

ER- — kennen, fahren, stellen, suchen, hören, steigen

MISS- — achten, brauchen, billigen, verstehen, deuten, fallen

VER- — achten, lassen, brauchen, stehen, ...

ZER- — reißen, brechen, stören, fallen

INFO 15: Bildung der Verben

1. Die Verben sind nach den Gesetzen der Zusammensetzung und der Ableitung gebildet.
2. Die Zusammensetzung erfolgt nach bestimmten Mustern:
   Bautyp 1: Verb + Verb (VV): —————— kennenlernen
   Bautyp 2: Adjektiv + Verb (AV): —————— blankbohnern
   Bautyp 3: Nomen + Verb (NV): —————— danksagen
   Bautyp 4: Partikel + Verb (PV): —————— hinabfliegen
3. Die fruchtbarste Art, neue Verben zu bilden, ist die Ableitung. Die Ableitung erfolgt
   - durch Anheften der Suffixe an Nomen oder Adjektive:

     | Haus | — haus*en* | alt | — alt*ern* |
     | Zweifel | — zweifel*n* | fromm | — frömm*eln* |
     | Stein | — stein*igen* | fest | — fest*igen* |
     | Glas | — glas*ieren* | stolz | — stolz*ieren* |
     | Katalog | — katalog*isieren* | stabil | — stabil*isieren* |

   - durch Anheften der Präfixe an Verben:
     *be*dienen — *ver*dienen — *ent*fallen — *er*zählen — *zer*reden — *miß*verstehen — *dar*bieten.

Zerbrich dir nicht den Kopf! Du hast nur einen! Womm

ARBEITSAUFTRAG

1. Lies die „zusammengerückten Wörter", indem du durch Pausen die zusammengesetzten Verben voneinander abhebst.
2. Bilde durch Addition der Wortteile die ganze Zusammensetzung: blank + bohnern = blankbohnern.
3. Schreibe aus jedem Block Sätze, in denen das Bestimmungswort mit dem Grundwort die „Satzklammer" bildet: Mutter *bohnert* den Boden *blank*.

---

1. Lies die abgeleiteten Verben mit ihren Präfixen laut.
2. Bilde Beispielsätze der Satzklammerung mit Modalverben: Der Gefangene *konnte* den Polizeibeamten *entkommen*.

WORTGRAMMATIK — VERB

Verwandschaftliche Beziehungen
Die Ableitung des Verbs

Nomen	Verb	
Haus	haus	en
Schar	schar	en
Loch	loch	en
Hast	hast	en
Kleid	kleid	en

(MUSTER)

Nomen	Verb		
Schlaf	→		-ieren / -igen
Schlag	→		-ieren / -igen
Koch	→		-ieren / -igen
Rauch	→		-ieren / -igen
Heft	→		-ieren / -igen

Nomen	Verb
Zweifel	→
Acker	→
Wechsel	→
Hunger	→
Meißel	→

Nomen	Verb		
Stein	→		-isieren / -n
Pein	→		-isieren / -n
Mut	→ er		-isieren / -n
Zucht(!)	→		-isieren / -n
Maß(!)	→		-isieren / -n

Nomen	Verb
Glas	→
Skizz(e)	→
Sort(e)	→
Grupp(e)	→
Skalp	→

Nomen	Verb	
Katalog	→	-en
Kristall	→	-en
Lokal	→	-en
Kanal	→	-en
Pulver	→	-en

Adjektiv	Verb
faul	→
schnell	→
heil	→
schrill	→
rot(!)	→

Adjektiv	Verb		
fromm	→		-ern / -eln
blöd	→		-ern / -eln
lieb	→		-ern / -eln
klug(!)	→ aus...		-ern / -eln
zart(!)	→ ver...		-ern / -eln

Adjektiv	Verb
alt	→
mild	→
nah(!)	→
arg(!)	→
weit	→ er....

Adjektiv	Verb		
fest	→		-en / -igen
rein	→		-en / -igen
satt(!)	→		-en / -igen
sanft(!)	→ be....		-en / -igen
gut(!)	→ be....		-en / -igen

Verbzusätze

unterhalten
unterhalten
widerhallen
widerlegen
widerspiegeln
widerstehen
unterordnen
unterjochen
unterfassen
unterbleiben
unterschieben
unterbreiten
unterstellen
unterstellen
untergehen
unterlassen
umfallen
umfahren
umformen
umgarnen
umgraben
umgittern
überlaufen
übergießen
überbewerten
überstreuen
übersetzen
übersetzen
überquellen
überflügeln
umtauschen
umnebeln
durchfahren
durchfahren
durchschneiden
durchwachen
vollschreiben
vollbringen
vollaufen
vollführen
vollzeichnen
vollstrecken
umlernen
umkränzen

Wer alles kann, ist ein Kanister. Und wer sich regt, ist ein Register. Wer eifrig zuckt, wird endlich Zucker!

ARBEITSAUFTRAG

1. Schau dir die einzelnen Wortblöcke an und ordne den Ursprungswörtern die Ableitungssilben zu. Verfahre nach dem Muster.
2. Bilde kurze Sätze in verschiedenen Personalformen und Zeitstufen.

1. Wird der Verbzusatz betont, so wird er im Satzverband abgetrennt — wird das Verb betont, so bleiben Verb und Verbzusatz zusammen. Bespiel: Er *hält* einen Eimer *unter!* — Er *unterhält* sich mit mir.
2. Lies die Verben, betone den unterstrichenen Teil und bilde einfache Sätze.

WORTGRAMMATIK — VERB

Robinson und Freitag

Zu den spannendsten Erzählungen der Weltliteratur muß man auch Daniel Defoes Abenteuerbuch „Robinson Crusoe" zählen. Das Kapitel „Freitag" schildert, wie ein „Wilder" von Robinson aus den Händen von Kannibalen gerettet wird:

Knall und Feuer meines Gewehres hatten den armen Menschen so erschreckt, daß er wie eine Bildsäule stand und sich nicht vom Fleck rührte. Er schien eher geneigt zu fliehen als zu mir zu kommen. Ich rief ihn an und winkte ihm, herzukommen. Er machte einige Schritte vorwärts, blieb dann aber stehen, und ich sah ihn zittern, so als habe er Angst, auch ich wolle ihn peinigen und foltern.
Ich mußte ihn immer wieder ermutigen und ihm freundlich zulächeln, und so wagte er es schließlich, sich zu nähern. Er warf sich vor mir auf den Boden, ergriff meinen Fuß und stellte diesen auf seinen Kopf. Offenbar wollte er mir damit seine Unterwürfigkeit demonstrieren und mir zu verstehen geben, er sei nun für immer mein Sklave.
Ich hob ihn vom Boden auf und gab ihm ein Zeichen, er möge mir folgen. Und so führte ich ihn zu meiner abgelegenen Hütte. Ich zeigte ihm die Stelle, wo ich mir ein Lager bereitet hatte und reichte ihm eine Decke. Und der arme Bursche hatte sich kaum darauf ausgestreckt, da war er auch schon eingeschlafen ...

Verb-Suffixe

halt . . . .
meck . . . .
hüst . . . .
stein . . . .
marsch . . . .
katalog . . . .
form . . . .
huld . . . .
tuck . . . .
frömm . . . .
rat . . . .
krit . . . .
kompon . . . .
bill . . . .
lock . . . .
tänz . . . .
schreib . . . .
rechn . . . .
tricht . . . .
bekräft . . . .
fotograph . . . .
elektr . . . .
narkot . . . .
quitt . . . .
befäh . . . .
bevölk . . . .
hamp . . . .
verzier . . . .
lehr . . . .
ries . . . .
verschlecht . . . .
abfert . . . .
kass . . . .
vulkan . . . .
terror . . . .
frott . . . .
aushänd . . . .
einschücht . . . .
nies . . . .
schließ . . . .
beläch . . . .
donn . . . .

INFO 16: Gestaltform der Verben

1. Das Verb ist die wichtigste Spracheinheit der deutschen Sprache
2. Wer das Verb als Einzelwort betrachtet, kann sehen, daß es eine besondere Gestaltform mit bestimmten Erkennungsmerkmalen besitzt:
3. Als LEXIKON-EINHEIT (d. h. so, wie es im Lexikon steht) hat das Verb eine besondere Anfangs- und Endprägung:
   ANFANGSPRÄGUNG: Präfixe (Vorsilben), wie ver-, er-, ent-, zer- usw.
   Beispiele: *zu*lächeln, *er*greifen, *ver*stehen.
   ENDPRÄGUNG: Suffixe (Nachsilben), wie -en, -ern, -eln, -ieren, -igen
   Beispiele: zähl*en*, schild*ern*, pein*igen*, zuläch*eln*, demonstr*ieren*
4. Als SYNTAX-EINHEIT (d. h. so, wie es im Satz vorkommt) ist das Verb vielgestaltig geprägt, und zwar durch alle möglichen Formen
   ● der ZEITSTUFE (= Tempus): man muß — er stand — er war eingeschlafen
   ● der SPRECHRICHTUNG (= Person): er stand — ich sah — man muß
   ● der ZAHLFORM (= Numerus): ich hob — wir hoben; er wagte — sie wagten
   ● der SEHRICHTUNG (= Verbgenus): er rettet — er wird gerettet
   ● der AUSSAGEGEWISSHEIT und des WIRKLICHKEITSGRADES (= Modus): er mag — er möge; er ist — er sei.

Fliegen ist verwandt mit FLUG.
Kriegen ist verwandt mit KRUG (?)
Ziegen sind verwandt mit ZUG?

Genug?

ARBEITSAUFTRAG

1. Lies den Robinsontext und achte dabei auf die markierten Verben.
2. Trage alle Verben des Textes als Syntaxeinheit (so wie sie im Satz vorkommen) und als Lexikoneinheit (Infinitivform) in eine Liste ein: Beispiel: gerettet wird — retten, man muß — müssen usw.
3. Übermale bei allen Infinitivformen die typischen Anfangs- und Endprägungen.

1. Lies die Verbliste, indem du die richtige Endung anhängst.
2. Schreibe die Verben im Infinitiv, im Partizip Präsens und im Partizip Perfekt.
3. Notiere die Verben, die durch Vorsilben verändert werden können: halten — erhalten usw.

WORTGRAMMATIK — VERB

▶ **Nennform** ▶ **Bestimmform**
Bestimmform · Nennform · B
nform · Bestimmform · Nennform · B
nform · Bestimmform · Nennform · B
form · Nennform · Bestimmform
timmform · Nennfo

Von Verb zu Verb: «Wirkverben»

→ trinken
   tränken
→ saugen
   säugen
→ fallen
   fällen
→ schwimmen
   schwemmen
→ sinken
   senken
→ fahren
   führen
→ rinnen
   rennen
→ springen
   sprengen
→ winden
   wenden
→ biegen
   beugen
→ dringen
   drängen
→ reißen
   reizen
→ beißen
   beizen
→ schwinden
   verschwenden
→ neigen
   nicken
→ biegen
   bücken
→ stechen
   sticken
→ ziehen
   zücken
→ stehen
   stellen
→ liegen
   legen
→ sitzen
   setzen

PERSON / NUMERUS

sagen →	ich sage →	du sagst →	er .....
nörgeln →	ich	du	sie .....
zögern →	ich	du	es .....
reinigen →	wir	ihr reinigt →	sie .....
kaufen →	wir	ihr	sie .....
lachen →	wir	ihr	sie .....

TEMPUS

laufen →	ich laufe →	du liefst →	er wird laufen
schreiben →	ich	du	er .....
singen →	ich	du sangst →	er wird ... haben
springen →	ich	du	er .....
fliegen →	ich	du flogst →	sie ist .....
gehen →	ich	du gingst →	sie .....
sprechen →	ich	du sprachst →	sie hat .....
kriechen →	ich	du krochst →	es war .....
riechen →	ich	du	es hatte .....

MODUS

sein →	er ist →	er sei →	er wäre
ziehen →	er zieht →	er ziehe →	er zöge
fliegen →	er	er	er .....
gehen →	er	er	er .....
sagen →	er	er	er würde ...
reiten →	er	er	er würde ...

VERBGENUS

sehen →	ich sehe →	ich werde gesehen	
singen →	er	es wird	
verachten →	du verachtest →	du wurdest verachtet	
verlachen →	du verlachst →	du	
leiten →	wir	wir werden geleitet werden	
weiden →	sie	sie	
schlagen →	es schlägt →	es ist geschlagen worden	
fahren →	es	es	
lesen →	es liest →	es war gelesen worden	
treten →	es	es	
schelten →	du scheltest →	du wirst gescholten worden sein	
helfen →	es hilft →	es wird geholfen worden sein	

Von Nomen zu Nomen!?
Winde
Wende
Falle
Fälle
Hinkel
Henkel

ARBEITSAUFTRAG

1. In der Tabelle findest du in der linken Spalte die *Benennung* von Geschehnissen und in der rechten Spalte die entsprechenden *Bestimmungen* dieser Tätigkeiten.
2. Ergänze die Verbformen nach der Sprechrichtung, der Zeitstufe ... und notiere aus jedem Feld ein gutes Satzbeispiel: Ich sage zu dieser Sache nichts mehr.

1. Lies die Grundverben und ihre Wirkverben: trinken   tränken.
2. Bilde Sätze, in denen du dir den jeweils „bewirkten Vorgang" klarmachst. Beispiel: Dadurch, daß ich die Kuh „tränke", bewirke ich, daß die Kuh „trinkt"; also: Ich tränke → die Kuh. Die Kuh trinkt.

WORTGRAMMATIK — VERB

Wissenswertes übers Wortfeld

Das Wortfeld *sterben* ist eines der eindruckvollsten Beispiele dafür, wie die Muttersprache ein ziemlich einheitliches Geschehen unter einer Vielheit von Gesichtspunkten vor Augen stellt, in denen die Mannigfaltigkeit des Verlaufes selbst wie der menschlichen Einstellung sich niederschlägt. Jedem Sprecher steht hier eine reiche Auswahl von Wörtern zur Verfügung, ' allgemeine Bezeichnungen und speziellere, sachnähere und gefühlsbetimmtere. Zusammengestellt und in ihrer systematischen Gliederung ins Bewußtsein gehoben, bietet sie etwa folgendes Bild.

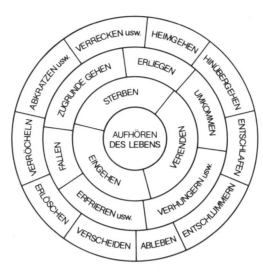

Es zeigt sich, daß die deutsche Sprache einen dreifachen gedanklichen Ring um das Sterben legt. In einem innersten wird das menschliche *sterben* abgehoben von dem *verenden* des Tieres und dem *eingehen* der Pflanze. Das Sterben selbst wird dann von zwei Seiten aus gefaßt. Ein Ring von Wörtern stellt mehr den sachlichen Befund in der Vordergrund, die tatsächlichen Begleitumstände des Sterbens. Noch viel reicher als diese objektive Seite ist die subjektive ausgeprägt: die gefühlsmäßige Einstellung zum Sterben, ein Tod im Urteil der Mitmenschen.

INFO 17: Bedeutungsinhalte der Verben

1. Wer über das Verb als Wortart nachdenkt, wird erkennen, daß es einen bestimmten Inhalt mit besonderen Bedeutungsmerkmalen besitzt.
2. Ganz allgemein haben Verben Tätigkeiten, Vorgänge und Zustände zum Inhalt.
3. Nach diesen allgemeinen Bedeutungsinhalten lassen sich die Verben einteilen in Zustandsverben, Vorgangsverben und Tätigkeitsverben. (Siehe hierzu Seite 35 und 37, Einteilung der Verben.)
4. Darüberhinaus besitzt jedes Einzelverb eine ganz spezielle Bedeutung: LAUFEN bedeutet nicht GEHEN, SITZEN bedeutet nicht STEHEN, SCHREIBEN bedeutet nicht MALEN.
5. Aber bei allen Bedeutungsunterschieden einzelner Verben gibt es auch Verbgruppen, die eine annähernd gleiche Bedeutung besitzen. Sie sind bedeutungsähnlich und bilden zusammen ein WORTFELD. Ein Beispiel für eine solche bedeutungsmäßige Feldgliederung ist das Wortfeld „Aufhören des Lebens".

Wortfelder

➡ PUTZVORGÄNGE
kehren
fegen
bohnern
schrubben
seifen
putzen
scheuern
reiben
wischen
saugen
moppen
polieren
wischen

➡ NATURVORGÄNGE
regnen
schneien
stöbern
graupeln
schütten
nieseln
schloßen
gießen
sprühen
hageln
tröpfeln
plätschern
rieseln

➡ SPRECHVORGÄNGE
äußern
antworten
erwidern
bemerken
ausdrücken
erwähnen
brummeln
plärren
prahlen
stottern
schwatzen
vortragen

Was ich hier vortrage, stammt nicht von mir selbst; es ist von einem Mann gesagt worden, der wußte, wovon er sprach. jawoll!

ARBEITSAUFTRAG

1. Der Sprachwissenschaftler Leo Weisgerber hat in einem Schaubild dargestellt, wie die deutsche Sprache die Wirklichkeit (des Sterbens) unterscheidet, einteilt und gliedert.
2. Lies das Feld bedeutungsverwandter Verben, schreibe sie fortlaufend auf und ergänze das Wortfeld.
3. Bild verbale Wortketten: im Eis erfrieren, seinem Leiden erliegen ...

---

1. Lies und ergänze die drei Wortfelder in der Übungsliste.
2. Bilde kurze Sätze, in denen die feinen Unterschiede zwischen den verwandten Vorgangsbezeichnungen deutlich werden.

WORTGRAMMATIK — VERB

Das Verb im Wortfeld

A.

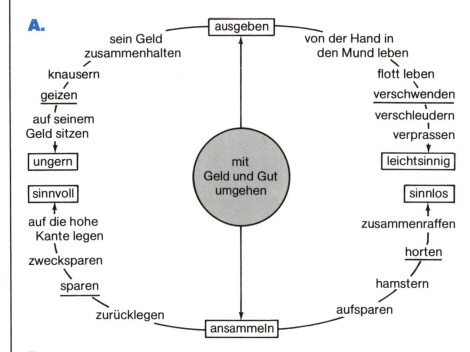

Wortfelder

Mit dem Mund und zu Fuß

bummeln
babbeln
eilen
berichten
flitzen
fliehen
einwenden
entgegnen
flüchten
erzählen
flüstern
herausstoßen
heulen
hasten
hetzen
hinken
jammern
klagen
klönen
waten
wanken
wandern
lallen
meckern
meinen
türmen
trotten
trödeln
nuscheln
quasseln
quatschen
tippeln
taumeln
stolpern
plaudern
schelten
schlurfen
schreiten
staksen
von sich geben
sich hören lassen
rasen

B.

	leise	laut	hoch	tief	stockend	langsam	schnell	erregt ruhig usw.
stottern					X	X		X
lispeln	X		X					
lallen								
stammeln								
flüstern								
schwatzen								
rufen								

C.

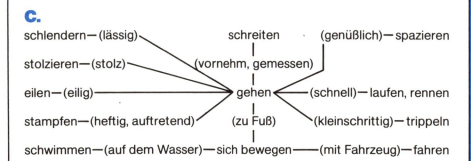

Übrigens „rasen"! Habt ihr auch schon mal Hasen, die es haßten zu hasten, über den Rasen rasen gesehen?

ARBEITSAUFTRAG

1. Schau dir die drei Schaubilder der sprachlichen Unterscheidung, Einteilung und Gliederung von Wirklichkeitsausschnitten an.
2. Fülle die Tabelle B aus und bilde zu den Wortfeldern A und C Wer-Sätze nach dem Muster: Wer ungern Geld ausgibt, knausert. Wer lässig geht, schlendert.

1. In der Wortliste sind die Wortfelder „gehen" und „reden" durcheinander geraten.
2. Ordne die Verbgruppen und arbeite die einzelnen Verben in die Schaubilder B und C ein. Beispiel: „eilig gehen": eilen — hetzen — rasen ... „leise reden": lispeln — flüstern — nuscheln ...

WORTGRAMMATIK — VERB

Redensarten

A.	Wir	SITZEN	alle/im gleichen Boot.	
	Alle	SITZEN	wir/im gleichen Boot.	
	Im gleichen Boot	SITZEN	wir/alle.	
B.	Das	PFEIFEN	die Spatzen/von den Dächern.	
	Die Spatzen	PFEIFEN	das/von den Dächern.	
	Von den Dächern	PFEIFEN	das/die Spatzen.	
C.	Er	HÄNGT	sein Fähnchen/nach dem Wind.	
	Sein Fähnchen	HÄNGT	er/nach dem Wind.	
	Nach dem Wind	HÄNGT	er/sein Fähnchen.	
D.	Er	SCHÜTTET	das Kind/mit dem Bade	AUS.
	Das Kind	SCHÜTTET	er/mit dem Bade	AUS.
	Mit dem Bade	SCHÜTTET	er/das Kind	AUS.
E.	Das Gras	HÖRT	er das Gras	WACHSEN.
	Er	HÖRT	das Gras	WACHSEN.
F.	Ich	WERDE	dir/kein X für ein U	VORMACHEN.
	Dir	WERDE	ich/kein X für ein U	VORMACHEN.
	Kein X für ein U	WERDE	ich/dir/	VORMACHEN.

Redensarten

wachsen
— die Probleme
— den Politikern
— über den Kopf

sich setzen
— er
— zwischen 2 Stühle

bringen
— du
— mich
— mit diesen Fragen
— auf die Palme

sich machen können
— der junge Mann
— keinen Reim
— darauf

sein
— das
— für den Schüler
— spanische Dörfer

leben
— der Luftikus
— von der Hand in den Mund

führen
— der Betrüger
— den leichtgläubigen Fremden
— hinters Licht

setzen
— die Fans
— Himmel und Hölle
— in Bewegung
— für eine Eintrittskarte

nicht werfen dürfen
— der Grammatikschüler
— die Flinte
— ins Korn

geschlagen haben
— du
— zwei Fliegen
— mit einer Klappe

INFO 18: Funktionswert der Verben

1. Das Verb spielt die Hauptrolle im Satz: Es schildert Vorgänge und Zustände und nennt die Tätigkeiten.
2. Das Aussagewort VERB bildet somit den Kern der AUSSAGE und heißt in dieser FUNKTION SATZKERN oder VERBALTEIL des SATZES (Beispiele A — C).
3. Der SATZKERN kann aber auch *gespalten* sein und bildet dann den SATZRAHMEN (oder die SATZKLAMMER) (Beispiele D — F).
4. Neben dieser *Grundfunktion* erfüllt der VERBALE SATZKERN auch noch eine Reihe von *AUFBAUFUNKTIONEN*.
   Das konjugierte Verb vermag nämlich das Gesagte
   - durch die TEMPUSform zeitmäßig abzustufen: ich schreibe — ich schrieb
   - durch die NUMERUSform zahlenmäßig zu erfassen: ich schreibe — wir schreiben
   - durch die PERSONENform personenmäßig auszurichten: ich schreibe — du schreibst
   - durch die GENUSform richtungsmäßig zu verdeutlichen: ich schreibe einen Brief — der Brief wird von mir geschrieben
   - durch die MODUSform aussagemäßig darzustellen: ich schreibe — ich schriebe — ich würde schreiben

Wer zwei Fliegen mit einer Klappe schlägt, muß eine große Klappe haben!

ARBEITSAUFTRAG

1. Redensarten haben einen tiefen Sinn, aber auch einen klaren Satzbau.
   Das Verb gibt dem Satz seinen *Gehalt*, seinen *Halt* und seine *Gestalt*.
2. Schau dir die Grundmuster deutscher Satzgestaltung genau an. Durch die Umstellprobe erkennt man die Zahl der richtigen Satzglieder und die feste Stellung des Verbs.
3. Bringe das Verb in den Beispielen A, B, C aus der *Achsenstellung* in die *Rahmenstellung*: Wir WERDEN ... SITZEN.

1. Lies die Redensarten der Wortliste zu ganzen Sätzen zusammen.
2. Mache auch mit diesen Redensarten die Umstellprobe.

WORTGRAMMATIK — VERB

Stilblüten

1. So verbringt sie den Tag mit Arbeit und anderen sinnlosen Beschäftigungen.
2. Der König gab dem Prinzen die Hand seiner Tochter zur Frau.
3. Der Text beschreibt den morgendlichen Verlauf einer Hausfrau.
4. Die Straße war ganz schwarz von hellgekleideten Menschen.
5. Schon in frühen Jahren zeigten Vater und Mutter ihm die Menschen nur von einer Seite.
6. Seit dem Tod unseres Vaters schlägt unsere Mutter uns Kinder redlich durch.
7. Die dargestellten Personen zerfallen in dem Theaterstück deutlich in zwei Teile.
8. Auf den Kopf der Bevölkerung fallen 20 Zentner Kohlen.
9. Halberschlagene Förster sind in diesen Wäldern keine Seltenheit gewesen.
10. Napoleon konnte nach seinem Tod auf einen berühmten Mann zurückblicken.
12. In dem Roman geht es um die Aufdeckung eines erschossenen Geheimagenten.
13. Das Millionenheer der Sterne erleuchtete das stille Örtchen.
14. Im Zirkus Krone war bei der Pferdenummer die Arena schwarz von Schimmeln.
15. Bei unserem Schulausflug tanzten wir in Ermangelung von Herren mit unseren Lehrern.
16. Auf dem Schützenfest hat mein älterer Bruder weiter nichts als einen Schulfreund getroffen.
17. Früher sind auf unseren Feldern die Grenzsteine oft verrückt geworden.
18. Der Elefant unterscheidet sich von unseren Haustieren hauptsächlich durch sein unhandliches Format.
19. Bei dem Unglück wurde einem Fahrer der Kotflügel eingedrückt.
20. Die alten Ägypter benutzten in früheren Zeiten zum Bau ihrer Pyramiden hauptsächlich Israeliten.

Konjugierte Verben

er wählt
er hat gewählt
er wählte
er hatte gewählt
er wird wählen
er wird gewählt haben

• ich wähle
wir wählen
du wählst
ihr wählt
er (sie, es) wählt
sie wählen

• ich wähle
du wählst
er wählt
wir wählen
ihr wählt
sie wählen

• ich wähle
ich würde wählen
du wählst
du wählest
er wählt
er wähle
wir wählen
wir würden wählen
ihr wählt
ihr würdet wählen
sie wählen
sie würden wählen

• ich wähle
ich werde gewählt
ich habe gewählt
ich bin gewählt worden
ich wählte
ich wurde gewählt
ich hatte gewählt
ich war gewählt worden
ich werde wählen
ich werde gewählt werden
ich werde gewählt haben
ich werde gewählt worden sein

Ich wähle, ich habe, ich bin... ich, ich, ich... jeder denkt an sich, nur ich denke an mich!

ARBEITSAUFTRAG

1. Auch Stilblüten haben ihren (Un)sinn! Grammatisch sind sie ganz „korrekt" gebaut.
2. Lies die „Blütenlese" aus Schüleraufsätzen und mache die Umstellprobe.
3. Notiere Sätze mit „Verb in Achsenstellung" und „Verb in Rahmenstellung".

1. Lies die nach Tempus, Numerus, Personen, Modus und Verbgenus zusammengestellten Musterfälle „herunter".
2. Kennzeichne einzelne Formen: „er wählt" — 3. Person Singular/Präsens/Aktiv oder: 3. P./Sg./Pr./A.

WORTGRAMMATIK — VERB

Der Hecht und der Aal

Unbeweglich steht der Hecht im Rohrwald. Das Wasser zittert leicht. Die Rückwand des Aquariums ist blaßgrün gestrichen, und in dieser Helligkeit schwebt die prachtvolle Torpedogestalt des Fisches mit dem bösen, starrglotzenden Auge. Ein Aal windet sich vom Grund herauf; jetzt berührt er den Hecht: ein Zucken geht durch seinen Leib. Der Räuber flieht, stellt sich in meiner Augenhöhe rechtwinklig zur Glasscheibe und reißt das Maul auf. Die Öffnung ist unheimlich groß, ein Beutesack, in dem alles versinkt; schauerlicher Widerspruch zum schlanken Leib des Tieres.

Einmal stand ich lange Zeit vor diesem Bassin. Der Hecht hing wie an unsichtbaren Schnüren, braungetönt und gelbweiß gefleckt; seltsam vibrierende Verhaltenheit. Vor seiner Nase spielten die Beutefischchen in dichten Rudeln. Wird er sie schnappen? Eine halbe Stunde war vergangen, es schien, als schöbe sich die Unterlippe zu immer böserem Ausdruck vor; aber gefressen hat der Hecht nichts. Dieweil der Aal weiterhin umherschlängelte, den Luftblasen zu, und sein Schatten auf die helle Rückwand groteske Tänze zeichnete.

Tempusformen – schwaches Verb –

- ich kaufe
  du kaufst
  er, sie, es kauft
  wir kaufen
  ihr kauft
  sie kaufen

- ich kaufte
  du kauftest
  er, sie, es kaufte
  wir kauften
  ihr kauftet
  sie kauften

- ich werde kaufen
  du wirst kaufen
  er, sie, es wird kaufen
  wir werden kaufen
  ihr werdet kaufen
  sie werden kaufen

- ich habe gekauft
  du hast gekauft
  er, sie, es hat gekauft
  wir haben gekauft
  ihr habt gekauft
  sie haben gekauft

- ich hatte gekauft
  du hattest gekauft
  er hatte gekauft
  wir hatten gekauft
  ihr hattet gekauft
  sie hatten gekauft

- ich werde gekauft haben
  du wirst gekauft haben
  er wird gekauft haben
  wir werden gekauft haben
  ihr werdet gekauft haben
  sie werden gekauft haben

---

ich sage
du sagst
. . . . . .

INFO 19: Tempusform der Verben

1. Den „Fluß der Zeit" kann man sich in zwei Stufen ablaufend vorstellen:
   - als Zeitabschnitt, der noch andauert
   - als Zeitabschnitt, der schon zu Ende ist.
2. Entsprechend dazu stellt der Sprecher die Zeit sprachlich in zwei Zeitstufen dar:
   - in der Zeit-Verlaufsform (= duratives Tempus)
   - in der Zeit-Abschlußform (= perfektives Tempus).
3. Das Fortschreiten der Zeit läßt sich dreifach gliedern:
   - als Ereignis, das uns gegenwärtig ist
   - als Ereignis, das für uns vergangen ist
   - als Ereignis, das auf uns zukommt.
4. Die drei Verlaufsformen der Zeit sind:
   - Präsens (= Gegenwart)
   - Präteritum (= Vergangenheit)
   - Futur (= Zukunft).
5. Die drei entsprechenden Abschlußformen der Zeit sind
   Perfekt des Präsens (= Vollendete Gegenwart)
   Perfekt des Präteritums (= Vollendete Vergangenheit)
   Perfekt des Futur (= Vollendete Zukunft)
6. Die Form des Präsens kann in Verbindung mit weiteren Zeitbestimmungen auch andere zeitliche Abstufungen ausdrücken, wie
   - zukünftige Zeit: ich komme morgen
   - zeitlose Aussagen: Übung *macht* den Meister.

STEHLAMPE
ich steh Lampe
du stehst Lampe
er steht Lampe
sie steht Lampe
es steht Lampe
...sagt
»Meister Lampe«

ARBEITSAUFTRAG

1. Lies das Tierporträt von Paul Eipper.
2. Schreib den 1. Textabschnitt in der Verlaufsform des Präteritums.
3. Schreib den 2. Textabschnitt in der Verlaufsform des Präsens.

---

1. Lies die Musterfälle der „schwachen Konjugation".
2. Konjugiere ebenso die Beispiele bezahlen — arbeiten — lernen — ?

WORTGRAMMATIK — VERB

Es darf konjugiert werden!

LACHGAS (MUSTER)
ich lach Gas
du lachst Gas
er lacht Gas
wir lachen Gas
ihr lacht Gas
sie lachen Gas.

SCHLEUDERSITZE
ich schleuder Sitze
du schleuderst Sitze
.....

STANDPUNKT
ich stand Punkt
du standest Punkt
.....

GREIFVÖGEL
ich greif Vögel
du greifst Vögel
.....

STAHLHELME
ich stahl Helme
du stahlst Helme
.....

NIESPULVER
ich nies .....
.....

LUDWEILER[1]
ich lud .....
.....

WEINESSIG
ich wein .....
.....

HOHLZIEGEL
ich hol Ziegel
du holst Ziegel
.....

FLORENZ
ich floh Renz
du flohst .....
.....

FALTBOOTE
ich falt Boote
du faltest .....
.....

FURUNKEL[2]
ich fuhr Unkel
du .....
.....

GIESSKANNEN
ich gieß Kannen
du gießt .....
.....

SAHNENKÄSE
ich sah 'nen Käse
du sahst .....
.....

LAGUNE
ich lag unne[3]
du lagst .....
.....

ASPHALT
ich aß Phalt[4]
du aßest Phalt
.....

TRUGBILDER
ich trug Bilder
du trugst .....
.....

TANZCAFE
ich tanz .....
.....

SPARGELD
ich spar Geld
du .....
.....

BINDUNG
ich ..... ?
.....

WARNEMÜNDE[5]
ich war 'ne Münde
du .....
.....

HABANA[6]
ich hab' Anna
du .....
.....

WERDENFELS[7]
ich werd 'n Fels
du wirst 'n Fels
.....

Anmerkungen
1 Saarländisches Dorf; 2 Geschwür; 3 süddeutsch „unten";
4 kalorienarmer Brotaufstrich; 5 Hafenstadt; 6 Hauptstadt Kubas;
7 besser: Werdenfelser Land;

In (zu)künftigen Zeiten

ich fahre morgen (A)
ich werde fahren (B)

ich komme bald
ich werde ....

er schreibt demnächst
er ....

es geht heute abend
es ....

sie reist in Kürze
sie ....

ich rufe nächste Woche an
ich ....

ich warte bis übermorgen
ich ....

wir fliegen morgen früh
wir ....

wir sehen uns im Urlaub
wir ....

sie treffen sich in der Pause
sie ....

ich verreise im Mai
ich ....

---

ich werde abreisen (B)
ich reise morgen ab (A)

ich werde wegfahren
ich fahre bald weg

wir werden uns wiedersehen
wir ....

er wird ins Kino gehen
er ....

du wirst nachkommen
du ....

es wird möglich sein
es ist ....

ich werde das Buch
  zurückbringen
ich ....

ich werde die Schüler nach
  Hause schicken
ich schicke die Schüler schon
  bald nach HAUS

GESTERN ist nicht HEUTE. Aber HEUTE wird MORGEN GESTERN sein!

ARBEITSAUFTRAG

1. Konjugieren — von lat. conjugere — heißt eigentlich „unterjochen". Hier werden Nomen ins Joch der Verbflexion gebracht.
2. Konjugiere die lustigen Beispiele durch. Halte dich an die grammatischen Spielregeln! — Probier's auch im Perfekt: ich habe Gas gelacht usw.

1. Die Verlaufsform des Futurs läßt sich auch nach der Formel „Präsens + Zeitangabe" bilden: Ich FAHRE morgen.
2. Wandle diese „präsentischen Zukunftsformen" (A) in die eigentlichen Zukunftsformen mit dem Hilfsverb „werden" (B) um — und umgekehrt.

WORTGRAMMATIK — VERB

Die Stammzeiten der „starken Verben"

Zeitlos-Form	Zeit-Verlaufsform		Zeit-Abschlußform
Infinitiv	Präsens	Präteritum	Perfekt des Präsens bzw. des Präteritums
	(ich)	(ich)	(ich habe) / (ich hatte)
1 beißen	beiße →	biß →	gebissen ①
...?	...	...	geglitten
...?	...	ritt	...
...?	gleiche	...	...
...?	...	...	gegriffen
2 bieten	biete →	bot →	geboten
...?	...	bog	...
...?	...	...	geflossen ①
...?	krieche	...	...
...?	...	roch	...
3 finden	finde →	fand →	gefunden
...?	...	...	geklungen
...?	...	sank	...
...?	winde	...	...
...?	...	...	gesungen
4 helfen	helfe →	half →	geholfen
...?	...	brach	... ①
...?	...	...	gescholten
...?	nehme	...	...
5 lesen	lese →	las →	gelesen
...?	...	aß	...
...?	...	...	gesehen
...?	trete	...	...
6 tragen	trage →	trug →	getragen
...?	...	schlug	...
...?	fahre	...	...
...?	...	...	geladen
7 treiben	treibe →	trieb →	getrieben
...?	...	lieh	...
...?	preise	...	...
...?	...	...	gediehen
8 spinnen	spinne →	spann →	gesponnen
...?	rinne	...	...
...?	...	gewann	...
...?	...	...	begonnen

① Beachte die S-Schreibweise!: fließen — floß — geflossen / essen — aß — gegessen / lassen — ließ — gelassen.

Vollendete Gegenwart — Perfekt des Präsens —

FAHREN
— den Wagen
— im Wagen
ich habe den Wagen ...
ich bin im Wagen ...
(MUSTER)

● REITEN
— den Parcours
— durch den Wald

● SEGELN
— drei Stunden
— nach Rügen

● RUDERN
— während der Ferien
— über den See

● PADDELN
— den ganzen Tag
— über den Stausee

● TANZEN
— als junger Mann
— aus der Stube

● BUMMELN
— die ganze Zeit
— durch die Fußgängerzone

● TRETEN
— den Ball
— in die Pfütze

● LAUFEN
— eine Runde
— zur Schule

● FRIEREN
— die Kinder
— die Früchte
die Kinder haben gefroren
die Früchte sind gefroren

● FLIEGEN
— das Flugzeug
— nach Moskau

noch ein Beispiel:
LEUCHTEN
Du hast eine Leuchte, aber ich bin eine Leuchte!

ARBEITSAUFTRAG

1. Verben der „starken" Konjugation haben in Zeitstufen den sog. Ablaut: finden — fand — gefunden.
2. Ergänze in der Tabelle der „starken" Verben die jeweils fehlenden Formen.

1. Eine Reihe von Verben bilden das Perfekt sowohl mit „haben" als auch mit „sein" (siehe Muster!).
2. Lies die Wortgruppen mit den jeweiligen Verben zu verbalen Wortketten zusammen.
3. Bilde jeweils die *feststellende* Perfektform mit „haben" und die *fortlaufende* Perfektform mit „sein":
   Ich habe den Parcours geritten (= Feststellung des Ergebnisses).
   Ich bin durch den Wald geritten (= Beschreibung des Verlaufs).

WORTGRAMMATIK — VERB

Das Partizip Perfekt

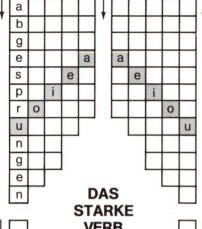
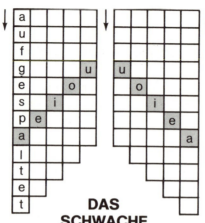

DAS STARKE VERB

DAS SCHWACHE VERB

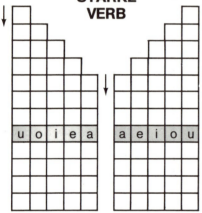

ei - i - i: streichen, streiten, abreißen, abbeißen
i - a - u: abspringen, verschwinden, verschlingen, austrinken
e - a - o: erschrecken, abbrechen, wegnehmen
e - a - e: fressen, vergessen, treten, vergeben
a - u - a: laden
a - ie - a: fallen, halten, raten
e - o - o: schmelzen

pudern, rudern, jubeln, dulden, brodeln, knobeln, aufspalten, aufwerten, ausstatten, vormelden, verrosten, vermodern, abwischen, abschalten, abblenden, abbilden, anwidern, hochhalten, überlisten, einsenden

Das Partizip Perfekt ist ein Bauelement der Zeitstruktur:

Ich bin . . . . .   Ich war . . . . .
Ich habe . . . . .   Ich hatte . . . . .

Perfektform mit Infinitiv

gehen müssen
schlafen können
kommen dürfen
sagen sollen
essen mögen
lesen wollen
liegen lassen
tun brauchen
packen helfen
spielen sehen
gehen heißen
laufen machen
singen hören
erzählen hören
reden heißen
gehen lassen

Perfektform ohne ge-

➡ zerstören
— er hat zerstört
zerbrechen
— zerbrochen
zerreißen
— zerrissen
➡ entlaufen
— entlaufen
entgehen
— entgangen
➡ beladen
— beladen
➡ ersteigen
— erstiegen
➡ mißachten
— mißachtet
mißdeuten
— mißdeutet
➡ verlieren
— verloren

Ich habe aufhören wollen. Aber mein Lehrer hat mich fortfahren heißen. Da bin ich fortgefahren. Das war ihm auch nicht recht.

ARBEITSAUFTRAG

1. Lies die „starken" Verben mit Ablautreihe, bilde die Perfektform und setze sie in das entsprechende Rätselfeld ein.
2. Verfahre mit den „schwachen" Verben ohne Ablaut ebenso: streichen — gestrichen; pudern — gepudert.

1. Manche Perfektformen werfen ihr Präfix „ge-" ab, wenn *vor* ihnen ein Infinitiv zu stehen kommt:
   Ich habe *gemußt*; — aber: Ich habe *austreten* müssen.
2. Bilde solche Sätze mit und ohne Infinitiv.
3. Verben mit den Präfixen zer-, ent-, be-, er-, miß-, ver- bilden kein Ge-Präfix im Perfekt. Suche weitere Beispielwörter.

WORTGRAMMATIK — VERB

ICH-, DU-, ER/SIE/ES-GEDICHTE

Auf Gegenseitigkeit
ICH ARBEITE am Fließband,
DU ARBEITEST am Fließband,
ER ARBEITET am Fließband,
SIE ARBEITEN am Fließband,
es arbeitet an ihnen.
(Ingrid Kötter)

Der törichte Star
ICH HABE zu Haus einen richtigen Star.
DU HAST keine Ahnung, wie töricht der war:
ER HAT voll Erstaunen auf Trinchen geschaut,
SIE HAT nämlich Häuser aus Klötzchen gebaut.
ES HAT ihn erstaunt und gewundert. Ganz klar:
WIR HABEN ja viel mehr Verstand als ein Star.
IHR HABT das wohl selber schon einmal erkannt:
SIE HABEN als Stare halt Starenverstand.
. . .
(James Krüss)

GLAUBEN
Ich glaube,
ich glaube.

HOFFEN
ich hoffe,
du hoffst.

LIEBEN
Ich liebe
Du liebst
Wir lieben
Wen oder was
(H. Wohlgemuth)

Rechtschreibung
Das Wort ICH wird zu stark betont
und steht zu oft am Anfang.
Aber wie soll es anders sein?
Lernten wir in der Schule nicht:
ICH, du, er, sie, es, wir, ihr, sie?

Laßt uns das WIR mehr nach vorne rücken:
Wir, du, er, sie, es, ich, ihr, sie.
(Kurt Küther)

Von ich nach du, von (e) nach (i)

ich werfe — du wirfst
ich werbe — du wirbst
ich fechte / du fichst
ich steche / du stichst
ich flechte / du flichst
ich esse / du ißt
ich breche / du brichst
ich berste / du birst
ich dresche / du drischst
ich helfe / du hilfst
ich lösche / du lischst
ich schelte / du schiltst
ich nehme / du nimmst
ich quelle / du quillst
ich schmelze / du schmilzt
ich schrecke / du schrickst
ich schwelle / du schwillst
ich sehe / du siehst
ich spreche / du sprichst

INFO 20: Personal- und Zahlform der Verben

A. Personalform oder Sprechrichtungen
1. Wer spricht, führt seine Rede jeweils in eine von drei möglichen Richtungen:
   ● in Richtung auf die eigene Person
   ● in Richtung auf eine zweite Person
   ● in Richtung auf eine dritte Person.
2. In der Grammatik nennt man
   ● die 1. Person den SPRECHENDEN
   ● die 2. Person den ANGESPROCHENEN
   ● die 3. Person den BESPROCHENEN.

B. Zahlform oder Spreceranzahl
1. Sprechender, Angesprochener und Besprochener können in jeder Rede als „einzelne" oder als „mehrere" vorkommen.
2. Sprachlich lassen sich also die drei Personen der Rede in EINZAHL oder MEHRZAHL darstellen.

*Mich ichze ich.
Dich duze ich.
Sie sieze ich.
Uns wirze ich.
Euch ihrze ich.
Sie sieze ich.
Ich halte mich an die Regeln.
(K. Marti)*

ARBEITSAUFTRAG

1. Lies die Gedichte mit den „Rollenwörtern" ich, du, er / wir, ihr, sie.
2. Mache dir klar, in welcher Rolle der Sprecher auftritt und wie sich die Sprechrichtung (Person) und die Zahl der Sprecher (Numerus) ändern.

1. Lies die Ich- und Du-Form der Verben.
2. Bilde aus den Beispielpaaren „Hin- und Her-Sätze": Ich werfe dir den Ball zu. Du wirfst mir den Ball zu.

WORTGRAMMATIK — VERB

Viele Fragen rund ums Dreieck

Ich frage dich	Ich habe ...
Du fragst ihn	Du hast ...
Er fragt mich	Er hat ...

MUSTER

Du ...	Du fragtest ...
Ich ...	Ich ...
Er ...	Er ...

Wir fragen euch	Wir hatten ...
Ihr fragt sie	Ihr hattet ...
Sie fragen uns	Sie hatten ...

Ihr ...	Ihr werdet ...
Wir ...	Wir werden ...
Sie ...	Sie werden ...

Du wirst von mir gefragt	Du bist ...
Er wird von dir gefragt	Er ist ...
Ich werde von ihm gefragt	Ich bin ...

Ich ...	Ich wurde ...
Er ...	Er wurde ...
Du ...	Du wurdest ...

Ihr werdet von uns gefragt	Ihr ward ...
Sie werden von euch gefragt	Sie waren ...
Wir werden von ihnen gefragt	Wir waren ...

Wir ...	Wir sind ...
Sie ...	Sie sind ...
Ihr ...	Ihr seid ...

N. ich
G. meiner
D. mir
A. mich

du
deiner
dir
dich

er
seiner
ihm
ihn

sie
ihrer
ihr
sie

es
seiner
ihm
es

ihr
euer
euch
euch

wir
unser
uns
uns

sie
ihrer
ihnen
sie

ich bedarf deiner
ich gedenke seiner
du bedarfst unser
er gedenkt ihrer
...
...
ich brauche dich
du ...
usw. usw. usw. usw.

Ichmeinermirmichdu deiner... Das mag schon so sein! Das kann schon so sein! Aber jetzt reichts mir!

ARBEITSAUFTRAG

1. Jede Rede dreht sich um Personen und läuft in drei Sprechrichtungen ab.
2. Spiele die einzelnen Sprechrollen im „Dreisprung" durch, indem du „gezielte" Sätze formulierst: Ich frage dich zum letzten Male nach dem Buch.

1. Persönliche Pronomen sind die Stellvertreter der Nomen. Sie können wie diese in die 4 Fälle gesetzt werden. Dekliniere sie durch.
2. Gebrauche die Pronomen in Sätzen und kennzeichne die einzelnen Fälle: ICH (N) erinnere MICH (A) nicht mehr an DICH (A).

WORTGRAMMATIK — VERB

„Elefant ist ausgebrochen!"

Das war der Ruf, mit dem ich eines Morgens geweckt wurde. Schnell war ich aus den Federn, aber oben auf dem Plateau war der Ausreißer schon dingfest gemacht worden. Da stand er: stampfte auf den Boden und schnaubte fürchterlich, weil sein linkes Hinterbein von den Wärtern an einen mannsdicken Baumstamm gebunden worden war.

Ich erkundigte mich nach dem Vorfall und wurde von einem jungen Elefantentreiber informiert:

Jeden Morgen werden alle Elefanten im Tierpark spazieren geführt. Auch heute trollten die friedlichen Dickhäuter gemächlich über die stillen Parkwege. Da riß plötzlich jener neugierige Jungbulle seitlich aus, stieß dabei das Leittier so heftig an, daß der auf ihm reitende Treiber zu Boden geschleudert wurde, und trabte laut trompetend davon.

Natürlich ist er sofort von allen Wärtern gejagt worden, aber es dauerte eine volle Stunde, bis er dazu gebracht werden konnte, in die ausgelegten Seilschlingen zu treten.

Ja, und dann brauchten 36 Männer alle ihre Kräfte, um den unternehmungslustigen „Jüngling" wieder in seinen Stall zurückzubringen!

Vorgangspassiv – Zustandspassiv

abgerissen werden
abgerissen sein
Das Haus wird abgerissen.
Das Haus ist abgerissen.

MUSTER

✶ gefangen werden / gefangen sein
✶ geschlagen werden / geschlagen sein
✶ geöffnet werden / geöffnet sein
✶ geschlossen werden / geschlossen sein
✶ vermißt werden / vermißt sein
✶ verletzt werden / verletzt sein
✶ gepflügt werden / gepflügt sein
✶ tapeziert werden / tapeziert sein
✶ entlassen werden / entlassen sein
✶ verlassen werden / verlassen sein
✶ gemäht werden / gemäht sein
✶ befreit werden / befreit sein
✶ erbaut werden / erbaut sein
✶ aufgenommen werden / aufgenommen sein
✶ geschrieben werden / geschrieben sein
✶ gekämmt werden / gekämmt sein
✶ halbiert werden / halbiert sein
✶ geboren werden / geboren sein
✶ begraben werden / begraben sein

INFO 21: Geschlechtsform der Verben

1. Wenn ein Sprecher einen Vorgang zur Sprache bringen will, so hat er dafür zwei grammatische Möglichkeiten:
   Er kann die verbale Handlung darstellen
   - aus der Sicht des „vorgangsgestaltenden" Subjekts:
     AKTIVFORM als Verbgenus
   - aus der Sicht des „vorgangsbetroffenen" Objekts:
     PASSIVFORM als Verbgenus.
   Beispiele für die beiden Sehrichtungen:

   Hin-Sehrichtung Aktiv: (Die Wärter) jagen → den Elefanten.
   Her-Sehrichtung Passiv: Der Elefant ← wird (von den Wärtern) gejagt

2. Beim PASSIV sind zwei grammatische Formen zu unterscheiden:
   - das VORGANGSPASSIV: Der Elefant wird eingefangen
   - das ZUSTANDSPASSIV: Der Elefant ist eingefangen.

ich schaffe und schaffe und schaffe... ich bin „geschafft"!

ARBEITSAUFTRAG

1. Lies den Bericht über die Elefanten-Flucht. Achte dabei auf die markierten Verbformen des Aktivs und des Passivs.
2. Stelle in einer Tabelle die beiden Formen einander gegenüber:

Passiv	Aktiv
ich wurde geweckt	er stand
der Ausreißer war ...	er stampfte

1. In der Wortliste findest du Formen des Vorgangs- und des Zustands-Passivs.
2. Lies die Passiv-Paare und bilde aus ihnen Satz-Paare. Beispiel:
   Das Haus wird abgerissen. Die Ruine ist verschwunden. Der Elefant wird gefesselt. Er ist gefangen.

WORTGRAMMATIK — VERB

Verschieden gesehen – anders gesagt

»PASSIV«		»AKTIV«
Der Elefant WIRD von seinen Wärtern durch den Park GEFÜHRT.	Präsens	?????????????
?????????????		Die flinken Wärter FESSELN den Elefanten.
Der Erzähler IST von einem Wärter GEWECKT WORDEN.	Perfekt des Präsens	?????????????
?????????????		Der heftige Stoß HAT den Treiber zu Boden GESCHLEUDERT.
Der junge Elefantenbulle WURDE von den Männern EINGEKREIST.	Präteritum	?????????????
?????????????		Die Männer BRACHTEN den Ausreißer in den Stall zurück.
Der Elefant WAR von einer fauchenden Wildkatze ERSCHRECKT WORDEN.	Perfekt des Präteritums	?????????????
?????????????		Der Stalljunge HATTE den Elefanten nicht sorgfältig genug BEWACHT.
Der Jungbulle WIRD von den Wärtern sorgfältiger BEWACHT WERDEN.	FUTUR	?????????????
?????????????		Die Zoobesucher WERDEN den Elefanten in seinem Freigehege BEWUNDERN KÖNNEN.
Diese Übung WIRD von einigen Schülern sicher nicht allzu ernst GENOMMEN WORDEN SEIN.	Perfekt des Futurs	?????????????
?????????????		Du WIRST das Perfekt des Futurs sicher noch nicht allzu oft GEBRAUCHT HABEN.

Unterscheide:

Aktiv Futur:
— ich werde *loben*
— ich werde *tragen*
— ich werde *schlagen*
— ich werde *tadeln*

Passiv Präsens:
— ich werde *gelobt*
— ich werde *getragen*
— ich werde *geschlagen*
— ich werde *getadelt*

Bestimme:

du wirst gerügt = PP
du wirst rügen = AF
du wirst reisen = ?
du wirst gestoppt = ?
du wirst gefoppt = ?
er wird heiraten = ?
er wird bestraft = ?
sie wird arbeiten = ?
sie wird gefragt = ?
es wird regnen = ?
es wird gelacht = ?

Setze ein:

PP: rufen/2. Pers./Sg.
AF: sagen/2. Pers./Sg.
PP: lieben/3. Pers./Sg.
AF: essen/3. Pers./Sg.
PP: achten/3. Pers./Pl.
AF: achten/1. Pers./Pl.
PP: treffen/1. Pers./Sg.
AF: treffen/2. Pers./Pl.
PP: mahnen/2. Pers./Pl.
AF: fahren/3. Pers./Pl.
PP: stören/2. Pers./Pl.
AF: schließen/1. Pers./Pl.

Anmerkung:
PP = Passiv Präsens
AF = Aktiv Futur
Sg. = Singular
Pl. = Plural

Man wird geboren, wird erzogen, wird eingeschult, wird geprüft, wird versetzt, wird entlassen, wird.... Alles PASSIV! Wie soll man da je ein aktiver Mensch werden?

ARBEITSAUFTRAG

1. Jedes Geschehen kann man in seiner Hin- und Her-Richtung sehen, aber im Textzusammenhang gilt es, sich für die bessere „Sageweise" zu entscheiden.
2. Lies die vorgegebenen Satzbeispiele und ergänze sie durch die Umkehrung ihrer Sprechrichtung.

1. Im Deutschen werden *Futur* und *Passiv* mit dem Hilfsverb „werden" gebildet:
   Futur = werden + Infinitiv (ich werde *loben*); Passiv = werden + Partizip Perfekt (ich werde *gelobt*).
2. Lies und betrachte die beiden Musterbeispiele.
3. Bestimme die Formen mit Hilfe der Abkürzungen.

WORTGRAMMATIK — VERB

Der Wolf und der Schäfer

Der böse Wolf *war* zu Jahren *gekommen* und *faßte* den trügerischen Entschluß, mit den Schäfern auf gutem Fuße zu leben. Er *machte* sich also auf und *kam* zu dem Schäfer, dessen Herde seiner Höhle die nächste *war*.

„Schäfer", *sprach* er scheinheilig, „du *nennst* mich den blutgierigen Räuber, der ich doch wirklich nicht *bin*". Freilich müsse er sich, *fuhr* er fort, an seine Schafe halten, wenn er hungere, denn Hunger tue weh. Wenn er, der Schäfer, ihn aber vor Hunger schützen würde, könne er ihm versichern, daß er daß friedlichste und sanftmütigste Tier sei.

„Schließe den Handel mit mir! Wenn ich satt *bin,* bin ich wirklich zahm und tue . . ." Wenn er satt sei? *unterbrach* ihn der Schäfer, das könne wohl sein. „Aber wann *bist* du denn satt? Du und der Geiz werden es nie. Geh deiner Wege! Verschwinde!"

Indikativ – Konjunktiv

sein

ich bin	ich sei
du bist	du sei(e)st
er ist	er sei
wir sind	wir seien
ihr seid	ihr seiet
sie sind	sie seien
ich war	ich wäre
du warst	du wär(e)st
er war	er wäre
wir waren	wir wären
ihr wart	ihr wär(e)t
sie waren	sie wären

haben

ich habe	(ich habe)
du hast	du habest
er hat	er habe
wir haben	(wir haben)
ihr habt	ihr habet
sie haben	(sie haben)
ich hatte	ich hätte
du hattest	du hattest
er hatte	er hätte
wir hatten	wir hätten
ihr hattet	ihr hättet
sie hatten	sie hätten

werden

ich werde	(ich werde)
du wirst	du werdest
er wird	er werde
wir werden	(wir werden)
ihr werdet	(ihr werdet)
sie werden	(sie werden)
ich wurde	ich würde
du wurdest	du würdest
er wurde	er würde
wir wurden	wir würden
ihr wurdet	ihr würdet
sie wurden	sie würden

INFO 22: Modusform der Verben

1. Den unterschiedlichen Standpunkten eines Sprechers entsprechen seine verschiedenen Ansichten von der Sache.
2. Er kann eben dasselbe auf verschiedene Weise sagen
   - im INDIKATIV, indem er den Sachverhalt als *wirklich* hinstellt: mit der Wirklichkeitsform
   - im KONJUNKTIV, indem er den Sachverhalt als *möglich* hinstellt: mit der Möglichkeitsform
   - im IMPERATIV, indem er den Sachverhalt als *notwendig* hinstellt: mit der Befehlsform.
3. Mit diesen 3 grammatischen Formen der SAGEWEISE, den 3 Modi, können allerdings 8 Meinungen sprachlich wiedergegeben werden. Ein Sprecher will das Gesagte verstanden wissen als
   - wirkliche Tatsache,
   - reine Vorstellung,
   - vage Vermutung,
   - dringlichen Wunsch,
   - bindenden Befehl,
   - zwingendes Erfordernis,
   - zweifelnde Unsicherheit,
   - phantastische Unwirklichkeit.
4. Die *Gewißheit der Aussage* und der *Grad der ausgesagten Wirklichkeit* kann mit den Umstandswörtern der Art und Weise: wirklich, vorgestellt, möglich, vermutlich, erwünscht, befohlen, erforderlich, unsicher und unwirklich recht gut charakterisiert werden.

„Wenn alles sitzen bliebe, was wir in Haß und Liebe so voneinander schwatzen; wenn Lügen Haare wären, wir wären rauh wie Bären und hätten keine Glatzen" sagt Wilhelm Busch!

ARBEITSAUFTRAG

1. Schreibe die Verbformen heraus und ordne sie in eine Tabelle der 3 Sageweisen ein.
2. Ergänze die Liste durch folgende Ausdrücke: er fraß, lies, sprich, ich bin, du seist.

Modus des Indikativs	Modus des Konkunktivs	Modus des Imperativs
er war gekommen	er müsse	schließe

1. Lies die Indikative und Konjunktive der 3 wichtigen Hilfsverben: sein, haben, werden.
2. Bilde kurze Sätze in berichtender Rede aus deinem Erfahrungsbereich. Ich sagte zum Lehrer, ich *sei* krank gewesen. Der Schüler behauptete, er *habe* den Schulbus verpaßt.

WORTGRAMMATIK — VERB

A. Indikativ und Konjunktiv

Der Wolf sagte zum Schäfer: „Du *nennst* mich einen blutgierigen Räuber, der ich nun wirklich nicht *bin*."	Der Wolf sagte zum Schäfer, er ....
Der Wolf bestätigte: „Ich	Der Wolf bestätigte, daß er sich an die Schafe halten *müsse*, wenn ihn *hungere*.
Der Wolf log: „Ich *bin* wirklich das zahmste aller Tiere und *liebe* den Frieden."	Der Wolf log, er ....
Der Schäfer erwiderte: „Das	Der Schäfer erwiderte, das *könne* wohl sein, aber ihm und seinesgleichen *dürfe* man nicht glauben.
Der Schäfer fragte: „Warum *benimmst* du dich so sonderbar? Du *hast* doch sonst meine Nähe gemieden."	Der Schäfer fragte, warum ....? Er ....
Der Wolf rief in äußerster Wut: „So *will* ich auch als dein Feind sterben, ehe mich der Hunger *tötet*!"	Der Wolf rief in äußerster Wut, so ....

weitermachen, bitte! — bitte, weitermachen!?

B. Indikativ und Imperativ

Fleisch in Würfel schneiden.	Schneide in Würfel! Schneiden Sie ....!
im Fett anbräunen →	.........! Bräunen Sie an!
Reis dazuschütten →	.........! ....!
Brühe aufgießen →	.........! ....!
Brühe aufkochen lassen →	.........! ....!
in den Topf einschütten →	.........! Schüttet ein!
mit Paprika nachwürzen →	.........! ....!
mit Pfeffer abschmecken →	.........! ....!
Milch nachgeben →	.........! ....!

Weitermachen. — Mach weiter! — Macht weiter!

Indikativ – Imperativ
helfen — hilf! helft!
werfen — wirf! werft!
geben — gib! gebt!

Indikativ – Konjunktiv
A. schwache Verben

ich kaufe	(ich kaufe)
du kaufst	(du kaufest)
er kauft	er kaufe
wir kaufen	(wir kaufen)
ihr kauft	(ihr kaufet)
sie kaufen	(sie kaufen)
ich kaufte	(ich kaufte)
du kauftest	(du kauftest)
er kaufte	(er kaufte)
wir kauften	(wir kauften)
ihr kauftet	(ihr kauftet)
sie kauften	(sie kauften)

B. starke Verben

ich gehe	(ich gehe)
du gehst	(du gehest)
er geht	er gehe
wir gehen	(wir gehen)
ihr geht	(ihr gehet)
sie gehen	(sie gehen)
ich ging	ich ginge
du gingst	du gingest
er ging	er ginge
wir gingen	(wir gingen)
ihr gingt	(ihr ginget)
sie gingen	(sie gingen)
ich singe	(ich singe)
du singst	(du singest)
er singt	er singe
wir singen	(wir singen)
ihr singt	(ihr singet)
sie singen	(sie singen)
ich sang	ich sänge
du sangst	du sängest
er sang	er sänge
wir sangen	wir sängen
ihr sangt	ihr sänget
sie sangen	sie sängen

Wenn man mich ließe, wenn ich könnte, wie ich wollte, würde ich sagen...

ARBEITSAUFTRAG

1. In der „Wörtlichen Rede" soll die Äußerung als sichere Aussage gelten; in der „berichteten Rede" erscheint das Gesagte als mehr oder weniger ungewiß.
2. Lies die Redebeispiele (A) und ergänze jeweils die fehlenden Teile.
3. Forme die Aufforderungen der verbalen Wortketten (B) in Imperative um.

1. Stelle die unterschiedlichen Formen gegenüber und bilde kurze Sätze.
2. Stelle die gemeinsamen Formen gegenüber, indem du den gleichlautenden Konjunktiv mit „würden" umschreibst: Ich kaufe. — Ich *würde* kaufen. Suche weitere ablautende Imperative: fechten — *ficht* — fechtet.

WORTGRAMMATIK — VERB

IM BERGWERK

Im Korb: Du standest eingepreßt mit den Kameraden, in der Drahtzelle, im vierstöckigen Korb, und plötzlich schien der Boden unter dir wegzustürzen, Lichter huschten vorüber. Wind rasselte und fauchte unten durch die löchrigen Eisenwände, drückte auf die Ohren, doch schon wurde federnd der Absturz gehemmt. Ende der Seilfahrt, spürbar zitterte der Korb auf und nieder an dem armdicken Stahlseil, das ungute Gefühl im Magen, daran gewöhnst du dich nie; und die Scherengitter schepperten zur Seite. Schweigend stapfte die Kolonne von Revier 8 durch den Tunnel, neben den Schienen der Grubenbahn entlang, schlüpfte durch die niedrige Tür der Sparrwand, sammelte sich in der Windschleuse, wartete bis der letzte Mann die Tür hinter sich zugeschlagen hatte; dann wurde die andere Tür geöffnet, der Auslaß aus dem Windfang, der Einlaß zum Berg. Trockene warme Luft strömte dir entgegen, kein Ton mehr zu hören außer den Tritten der Männer, vorsichtige Tritte, durch den Stollen, gebückt, gekrümmt die Körper, denn fast die ganze Breite des Stollens wurde vom Förderband ausgefüllt, das sich lautlos über Eisenrollen schob. Die Grubenlampen gaben spärliches Licht, die Schwärze ringsum verschluckte es.

«Treffende» Verben

reinigen
— des Körpers
— der Kleidung
— der Wäsche
— der Straße
— des Stalles
— der Wunde
— des Geschirrs
— der Möbel
— des Autolacks
— ...

beginnen
— der Tag beginnt
— die Nacht beginnt
— der Sturm beginnt
— das Gewitter beginnt
— der Streit beginnt
— die letzte Runde beginnt
— der Endspurt beginnt
— ...

kommen
— Der Lehrer ... in die Klasse.
— Stefan ... an die Tafel.
— Die Dämmerung ...
— Ein Hase ... aus dem Klee.
— Das Blut ... aus der Wunde.
— Der Rauch ... aus dem Schornstein.
— Eine Ente ... über die Wiese.
— Die Schwalbe ... aus dem Nest.
— Sie ... auf den Berggipfel.
— Der Schweiß ... aus allen Poren.
— Die Maus ... aus ihrem Loch.
— Wir ... zum Ende dieser Übung.

machen
— den Mantel zumachen
— Obst einmachen
— Löcher machen
— Fehler machen
— einen Aufsatz machen
— Schluß machen

INFO 23: Wirkungsweise des Verbs

1. Jede sprachliche Ausdrucksform hat ihre Eigenart und Wirkungsweise.
2. Wer viele Verben — und vor allem konkrete Verben — verwendet, spricht oder schreibt einen verbalen Stil.
3. Durch treffende, handlungsstarke Verben wird ein trocken-starrer Nominalstil vermieden.
4. Handlungsstarke Verben und treffsichere Adverben, bildkräftige konkret Nomen und genaue Adjektive helfen mit, eine lebendige Sprache zu sprechen und „flüssige" Texte zu schreiben.

„Alles in Butter?" fragt der Lehrer. „Alles Käse!" sagen die Schüler. — Treffend gesagt?!

ARBEITSAUFTRAG

1. Lies den Text von der Einfahrt ins Bergwerk laut.
2. Schreibe die verbalen Wortketten heraus: 1. in der Drahtzelle eingepreßt stehen; 2. plötzlich wegstürzen.

---

1. Lies die Wortgruppen mit Allerweltsverben und versuche, Ausdrücke mit „treffenden" Verben zu formulieren.
2. Setze „anschauliche" Verben ein: Der Hase *hoppelt* aus dem Klee.

WORTGRAMMATIK — ADJEKTIV

Neues vom Automarkt

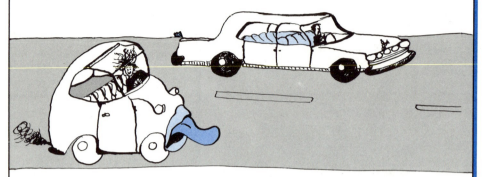

Ableitungen und Zusammensetzungen

anfänglich
schwerhörig
fachgerecht
breitrandig
übereifrig
unterwürfig
bäuchlings
haltbar
hoffnungslos
feuergefährlich
sandig
himmlisch
hoffnungsfroh
siegessicher
blindlings
sattsam
statthaft
schmalrandig
weitherzig
engmaschig
ordnungsgemäß
zänkisch
riesengroß
landläufig
naschhaft
friedlich
fiedliebend
gefährlich
gefahrvoll
himmelschreiend
anstandshalber
anständig
wunderbar
windig
ohnmächtig
tugendsam
geschmacklos
schmackhaft
geschmackvoll
haltlos
haltbar
erhältlich

1. Einem Bedürfnis des kleinen Mannes kommt diese technische Errungenschaft ganz offensichtlich zugute.

2. Hier wird auf nette, aber deutliche Weise gezeigt, was man vom großen Autobruder tatsächlich hält.

3. Die Vorrichtung ist aus weichem, kußfestem Material gefertigt, mit wenigen Handgriffen schnell montiert und durch leichten Knopfdruck mühelos zu bedienen.

4. Die neue Erfindung kann im einschlägigen Fachhandel für alle gängigen Kleinwagen recht preiswert erworben werden.

5. Der verrückt hupende, stirntippende Autofahrer wird dank dieser wegweisenden Erfindung aus unserem Straßenbild endgültig verschwinden.

INFO 24: Einteilung und Bildung der Adjektive

1. Die Adjektive stellen die drittgrößte Gruppe der sogenannten Inhaltswörter dar.
2. Sie treten als Begleitwörter von Nomen und Verben auf, indem sie entweder eine Satzgröße (Subjekt, Objekt, usw.) oder den Satzkern genauer charakterisieren.
3. Die charakterisierenden Begleitwörter lassen sich einteilen
   - in Beiwörter des Nomens: des KLEINEN Mannes, diese TECHNISCHEN Errungenschaften
   - in Beiwörtern des Verbs: OFFENSICHTLICH zugutekommen, TATSÄCHLICH halten.
4. Neue Adjektive können gebildet werden
   - durch Ableitung von Verben, Nomen und Adjektiven: brummen — brummig, Flucht — fluchtartig, lang — länglich
   - durch Zusammensetzung aus verschiedenen Wortarten: feuerfest — neureich — treffsicher — übereifrig — zufrieden.

Freier Samstag, große Ferien, süßes Nichtstun, fröhlich sein, glücklich sein – hitzefrei! Was wäre das Leben ohne Adjektive?!

ARBEITSAUFTRAG

1. Stelle die adnominalen und adverbalen Ausdrücke tabellenartig zusammen und übermale die Beiwörter:

adnominales Beiwort	adverbales Beiwort
der kleine Mann	offensichtlich zugutekommen

1. Lies die adjektivischen Wortbildungen und ordne sie nach Zusammensetzungen und Ableitungen (bzw. Mischformen):

Zusammensetzung	Ableitung	Zusammensetzung und Ableitung
fach + gerecht	anfäng-lich	weit + herz-ig

2. Stelle eine Wortliste nach den Endsilben der Beiwörter zusammen, ordne und ergänze sie: -los, -lich, usw.

WORTGRAMMATIK — ADJEKTIV

Neues aus dem Spielzeugladen

A. Der Figurenkoffer

In Zukunft können die *liebenswerten* Spielfiguren mit ihren *kleinen* Freunden problemlos auf die große Reise gehen. Es gibt jetzt nämlich einen *hübschen* Koffer für diese *liebsten* Spielgefährten. Ein *kluger* Kopf hat ein *schickes* Köfferchen entwickelt, in dem jeder Star aus dem *reichen* Figurenangebot im Kinderzimmer und unterwegs sein *eigenes* Zuhause hat. Das ist wirklich ein *netter* Geschenkartikel.

B. Das Dreiradmobil

Dieses *tolle* Kinderfahrzeug ist *einzigartig* in Gebrauch und Gestaltung. Über *handliche* Knüppel sind die *lenkbaren* Hinterräder zu bedienen. Der *verstellbare* Schalensitz hat eine *gute* Paßform. Der *niedrige* Schwerpunkt verschafft dem Wagen *sehr gute* Fahreigenschaften. Diese Ausstattung gewährleistet *am besten* seine *absolute* Kippsicherheit.

C. Der Superrenner

Ein *sechsrädriger* Renner ist schon eine *tolle* Sache! Für *schnelle* Beschleunigung sorgt ein *starker* Motor. Eine *ausgereifte* Magnettechnik hält den Wagen *sicher* auf der Fahrbahn. Über zwanzig Wagentypen stehen bereit. Vom *schmucken* Oldtimer über den *spritzigen* Tourenwagen bis zum *flotten* Formel-I-Flitzer ist für einen *erschwinglichen* Preis alles zu haben. Sogar Fahrzeuge mit *gleißendem* Licht und *echtem* Motorengeräusch haben sich die *findigen* Konstrukteure einfallen lassen.

INFO 25: Gestaltungsform des Adjektivs

1. Das Adjektiv ist eine wichtige Spracheinheit: als Beiwort des Nomens kommt es häufig vor. In dieser Rolle heißt es ADNOMEN: *liebenswerte* Spielfiguren — *kleine* Freunde — *tolle* Sache.
2. Wer das adnominale Adjektiv betrachtet, kann sehen, daß es eine besondere GESTALTFORM besitzt.
3. Das Adjektiv kann wie das Nomen vielgestaltig geprägt sein:
   - durch die Zählform: ein *kluger* Kopf — *kleine* Freunde
   - durch die Fallform: eine *tolle* Sache — vom *schmucken* Oldtimer — einen *hübschen* Koffer
   - durch die Vergleichsform: die *lieben* Spielgefährten — die *liebsten*
   - durch die Bildungsform: nied*rig* — einzig*artig* — *ausge*reift — sechs*rädrig* — liebens*wert*.
4. In Entsprechung zum Adnomen nennt man das Beiwort des Verbs ADVERB. Diese adverbalen Adjektive verändern ihre Gestalt *nur* in der Vergleichsform: den Wagen *sicher* halten — den Wagen *am sichersten* halten.

«Gesteigerte» Deklination des Adnomens

der schöne Tag
des schönen Tages
dem schönen Tag(e)
den schönen Tag

die schönen Tage
der schönen Tage
den schönen Tagen
die schönen Tage

ein schöner Tag
eines schönen Tages
einem schönen Tage(e)
einen schönen Tag

●

die schönere Stadt
der schöneren Stadt
der schöneren Stadt
die schönere Stadt

die schöneren Städte
der schöneren Städte
den schöneren Städten
die schöneren Städte

eine schönere Stadt
einer schöneren Stadt
einer schöneren Stadt
eine schönere Stadt

— schönere Städte
— schönerer Städte
— schöneren Städten
— schönere Städte

●

das schönste Mädchen
des schönsten Mädchens
dem schönsten Mädchen
das schönste Mädchen

die schönsten Mädchen
der schönsten Mädchen
den schönsten Mädchen
die schönsten Mädchen

●

ein schönstes??????????

übrigens: das SCHÖNSTE an mir — bin ich!

ARBEITSAUFTRAG

1. Lies die Werbetexte für neues Spielzeug und achte auf die Vielzahl der Adjektive.
2. Kennzeichne die Veränderungen der Gestaltform durch Unterstreichen (ein kluger Kopf) und überlege, wie sie zustandegekommen sind.

---

1. Lies die Wortliste, in der „Beugungen" und „Steigerungen" des Adnomens zugleich vorkommen.
2. Bilde „parallele" Beispiele, indem du die Adnomen auswechselst.

WORTGRAMMATIK — ADJEKTIV

»STEIGERUNGEN«

Grundstufe	Steigerungsstufe	Höchststufe	Bildvergleichsform
Positiv	Komparativ	Superlativ	„Super-Superlativ"
groß	größer	am größten	riesengroß
faul	fauler	am faulsten	stinkfaul
weit	→	→	meilen-_schnell_
....	← höher	....	pfeil_hoch_ turm_weit_
....	....	← am schnellsten	
....	....	← am ärmsten	bettel_süß_
....	reicher	→	_stein_arm
süß	→	→	zucker_reich_
blau	....	....	himmel_kalt_
....	← kälter	....	bild_blau_ eis_schön_
....	....	← am schönsten	

Suffix-Puzzle

wind	-ig
sonn	-ig
nebel	-ig
stein	-ig

wald	
mehl	
sand	
wolk	

herr	
freund	
kind	
mensch	

furcht	-ig
lieb	-ig
acht	-ig
arbeits	-ig

-lich	-los
-lich	-los
-lich	-los
-lich	-los

furcht	
acht	
wirk	
behut	

wunder	
sonder	
furcht	
belast	

-bar	-haft	-sam
-bar	-haft	-sam
-bar	-haft	-sam
-bar	-haft	-sam

ird	
himml	
höll	
mürr	

krank	
schad	
schmerz	
flatter	

kreis	-haltig	-isch
ellipsen	-haltig	-isch
ei	-haltig	-isch
kugel	-haltig	-isch

-förmig	eisen
-förmig	blei
-förmig	reich
-förmig	alkohol

koch	-artig	-fertig
schlag	-artig	-fertig
eil	-artig	-fertig
reise	-artig	-fertig

einzig	gleich	dienst	-wertig	-fähig
schlag	neu	arbeits	-wertig	-fähig
gleich	voll	ausbau	-wertig	-fähig
panik	mehr	lebens	-wertig	-fähig

«Gesteigerte Vergleiche»

schön singen
schöner singen
am schönsten singen

der schöne Gesang
der schönere Gesang
der schönste Gesang

☆

bequem reisen
bequemer reisen
am bequemsten reisen

die bequeme Reise
die bequemere Reise
die bequemste Reise

☆

fröhlich spielen
fröhlicher spielen
am fröhlichsten spielen

das fröhliche Spiel
das fröhlichere Spiel
das fröhlichste Spiel

☆

ein guter Läufer
ein besserer Läufer
der beste Läufer

☆

viel Geld
mehr Geld
das meiste Geld

☆

ein naher Verwandter
die näheren Verwandten
die nächsten Verwandten

☆

aufs herzlichste
aufs schändlichste
weitestgehend
freundlichst
möglichst
ganz besonders schön
riesig nett
urkomisch

★

tot? leer? voll? grün? nackt?

noch eine Steigerung: doof – Dover → Calais

ARBEITSAUFTRAG

1. Schau dir die Tabelle der „Steigerung" genau an und ergänze die fehlenden Vergleichsformen nach dem angegebenen Muster.
2. Rücke die verschobenen Bildvergleichswörter zurecht.
3. Ordne die „Suffixblöcke" den entsprechenden Adjektiven zu.

1. Lies die adnominalen und adverbalen Vergleiche.
2. Bilde ähnliche Steigerungsreihen:
   1. laut sprechen 2. .... 3. ....; 1. ein lautes Gespräch 2. .... 3. ....

60

WORTGRAMMATIK — ADJEKTIV

Wohlfahrtsmarken 1978:
Waldblumen

Aronstab (30+15 Pf.)

Zu den ersten Pflanzen, die man im zeitigen Frühjahr bei einem Waldspaziergang entdecken kann, gehört der Aronstab (Arum maculatum) mit seinen unrühmlich glänzenden, dreieckigen Blättern. Von besonderer Eigenart sind seine von einem großen grünlich-grünen Hüllblatt umschlossenen Blütenstände, die im April erscheinen.

Sie sind Kesselfallen für bestäubende Insekten und locken durch einen fauligen Geruch kleine Schmetterlingsfliegen an. Von einwärts gerichteten Borsten gelenkt, rutschen die Opfer auf dem glatten Hüllenblatt hinaus bis in den geschlossenen Blütenkessel. Falls die Insekten bereits Blütenstaub mitbrachten, bestäuben sie bei ihren vergeblichen Befreiungsversuchen die weiblichen Blüten. Bald darauf öffnen sich die männlichen Blüten und bepudern die Eingeschlossenen reichlich mit Blütenstaub. Gleichzeitig welkt das Hüllblatt und entläßt die gefangenen Fliegen wieder ins Freie, wo sie — mit frischem Blütenstaub beladen — bei einer anderen Aronstabpflanze auf den gleichen „Trick" hereinfallen.

Türkenbund (50+25 Pf.)

Lichte Bergmischwälder kalkreiche Mittel- und Süddeutschlands sowie Hochstaudenfluren in den Alpen sind der Lebensraum des seltenen, prächtigen Türkenbundes (Lilium martagon). Seinen Namen verdankt diese Lilie der Ähnlichkeit mit einem Turban.

Die Pflanze erreicht eine Höhe von gut einem Meter und trägt bis zu 40 rosarote dunkel punktierte, nach unten gerichtete Blüten. An den durch einen öligen Überzug sehr glatten Blütenblättern können blütenbesuchende Insekten keinen Halt finden. Der Nektar ist dadurch nur schwirrend in der Luft stehenden Schmetterlingen, den Schwärmern, zugänglich. Aus den beweglichen Staubgefäßen rieselt dabei der Blütenstaub auf das Nektar saugende Insekt und kann durch dessen rasche Flügelbewegung auf den klebrigen Stempel geheftet werden.

Die goldgelbe Schuppenzwiebel des Türkenbunds diente im Mittelalter den Alchimisten bei den Versuchen, Gold herzustellen. Wegen seiner Schönheit und der Gefahr, ausgegraben oder gepflückt zu werden, steht der Türkenbund unter gesetzlichem Schutz.

INFO 26: Bedeutungsinhalt des Adjektivs

1. Wer über das Adjektiv als ADNOMEN nachdenkt, wird erkennen, daß es einen ganz bestimmten Bedeutungsinhalt hat.
2. Der Bedeutungsinhalt der Adjektive liegt darin, daß sie Eigenschaften + Merkmale von Personen und Sachen bezeichnen: WESENSMERKMALE, und zwar
   - äußere (runder Tisch, hübsches Mädchen ...) und
   - innere (schwankender Charakter, tiefe Reue ...)

   MASSEIGENSCHAFTEN (die zehn Wortarten, viele Freunde ...)
   ZUSTANDSEIGENSCHAFTEN (flüssige Masse, geöffnete Tür ...).
3. Im allgemeinen ist jedes Adjektiv von allen anderen Adjektiven bedeutungsverschieden: klug — dumm — schön — häßlich — freundlich.
4. Es gibt aber auch Adjektive, die untereinander bedeutungsähnlich sind, Sie bilden zusammen ein Wortfeld:
   klug, schlau, weise, geistreich, witzig, intelligent, raffiniert ...

Bedeutungsverschiedene Adjektive «Gegensätze»

ein wildes Pferd
ein zahmes Pferd
ein wilder Knabe
ein stiller Knabe

→ ein gesundes Kind
　 ein ?　　　Kind

→ ein gesundes Klima
　 ein ?　　　Klima

→ ein hohes Zimmer
　 ein ?　　　Zimmer

→ tiefes Wasser
　 ?　　　Wasser

→ tiefe Schüsseln
　 ?　　　Schüsseln

→ tiefer Schlaf
　 ?　　　Schlaf

→ falsche Unterschrift
　 ?　　　Unterschrift

→ falscher Freund
　 ?　　　Freund

→ falsche Schreibweise
　 ?　　　Schreibweise

→ reines Hemd
　 ?　　　Hemd

→ reine Haut
　 ?　　　Haut

→ glattes Gesicht
　 ?　　　Gesicht

→ glatte Rind
　 ?　　　Rinde

unrein — borkig
runzlig — schmutzig
seicht — leicht
niedrig —
ungesund — unruhig
wahr — krank —
richtig — echt

Habt ihr gewußt, daß auch REICHE ARME haben?

ARBEITSAUFTRAG

1. Lies den Text über schöne, seltene Waldblumen.
2. Schreibe die nominalen Ausdrücke mit den „kopfstehenden" Adjektiven heraus.
3. Bilde einfache verbale Wortketten mit diesen Ausdrücken: z. B. durch fauligen Geruch locken.

---

1. Lies die „gegensätzlichen" Ausdrücke und setze das fehlende Adjektiv ein, indem du die Lösungswörter benutzt.
2. Suche weitere Gegensatzpaare: arm — reich, stumpf — spitz, usw.
3. Bilde einige Sätze mit prädikativem Adjektiv: Das Pferd *ist wild*.

WORTGRAMMATIK — ADJEKTIV

A. Der kleine Unterschied: das Suffix

Verb-Ableitungen		Nomen-Ableitungen		Ableitung von Stoffen	
passivische Beziehung	nichtpassivische Beziehung	Vorhandensein ausdrückend	Nichtvorhandensein ausdrückend	Bestehen aus dem Stoff	Vergleich mit dem Stoff
begehr**bar**	begehr**lich**	schwung**haft**	schwung**los**	gläs**ern**	glas**ig**
bewegbar	beweglich	gewissen...	....	stein...	....
vermeidbar	un........	schad...	schad...	hölz...	....
unausprech...	unausspr...	stimm...	....	silb...	silber...
bestech...	be........	lücken...	....	seiden	seidig
überseh...	un........	fehler...	....	wollen	
unmerk...	merk...	schmack...	ge...		
unfaß...	un........	scham...	....		
sicht...	....	herz...	....		
nutz...	nütz...	traum...	....		

				Ableitung von Personen	
heil**bar**	heil**sam**	wald**ig**	wald**los**	sachlich darstellend	abwertend darstellend
ehr...	ehr...	fleckig	flecken...	kind**lich**	kind**isch**
bieg...	bieg...	mutig	....	weib...	....
beug...	un...	fleisch...	....	bäuer...	....
fühl...	ein...	farb...	....	herr...	....
				gespenstig	gespenstisch
				gläubig	aber...

				Zeitangaben der Dauer	Zeitangaben der Wiederkehr
begeh**bar**	geh**fähig**	herz**lich**	herz**los**	halbstünd**ig**	halbstünd**lich**
ausbau...	ausbau...	nütz...	....	einwöchig	wöchent...
beweis...	be...	wört...	....	eintägig	täg...
denk...	denk...	tröst...	nerv...	zweiwöch...	zwei...
		macht**voll**	macht**los**	....	....
		kraft...	....		

B. Klein und groß: das ADJEKTIV im Wortfeld

Großer Mensch	stattlich, stark, lang, ...
Große Persönlichkeit	berühmt, ...
Große Leistung	
Große Fläche	
Großes Gebirge	
Kleines Lebewesen	
Kleine Sache	
Kleine Arbeit	
Kleiner Raum	
Kleines Problem	

ansehnlich — stattlich — stark — lang — hoch — belanglos — maßlos — unscheinbar — kärglich — wenig — gering — unbeträchtlich — klitzeklein — putzig — mächtig — unüberschaubar — verschwindend — wuchtig — ausgedehnt — weit — gewaltig — geringfügig — schmal — breit — umfangreich — riesig — berühmt — bedeutend — knapp — schwach — erhaben — bemerkenswert — hervorragend — wichtig — unwichtig — kümmerlich — dick — umfangreich — spärlich — zwergenhaft — untergeordnet — über alle Maßen — riesenhaft — aufgeschossen — beträchtlich — schwächlich — belanglos ...

Bedeutungsgleiche Adjektive

erklärbar / erklärlich
fehlerlos / fehlerfrei

vorurteilslos / vorurteilsfrei
melodisch / melodiös

witzig / witzvoll
geistreich / geistvoll

kollegenhaft / kollegial
schaurig / schauerlich

herzhaft / beherzt
porig / porös

glockig / glockenförmig

blumig / geblumt
grazienhaft / graziös

grauenhaft / grauenvoll
fettlos / fettfrei

unwiderlegbar / unwiderleglich

akzeptierbar / akzeptabel
panikhaft / panikartig

riesenhaft / riesig
wasserlos / wasserleer

breiig / breiartig

wichtige Information zum Adjektiv: Auch kurze Hosen kann man lange tragen! Und aus Lautsprechern kann auch leise Musik kommen!

ARBEITSAUFTRAG

1. Lies die adjektivischen Ableitungen (A) mit dem „kleinen Unterschied", indem du die fehlenden Formen einsetzt.
2. Verwende als adnominale Beiwörter: die heil*bare* Krankheit — die heil*same* Lehre.
3. Ordne die entsprechenden Adjektive (B) den aufgelisteten Ausdrücken zu.

1. In der Wortliste sind wirklich völlig bedeutungsgleiche Adjektive versammelt, die eine unterschiedliche Ableitungssilbe besitzen.
2. Mache dir diese Bedeutungsgleichheit an Beispielen klar: das *fehlerlose* Diktat (attributiv) = das Diktat ist fehlerfrei (pr); das fehlerfreie Diktat = das Diktat ist fehlerlos.

WORTGRAMMATIK — ADJEKTIV

Eine Fabrikbesichtigung um 1830

Hundert und mehr Mädchen und Knaben, in einem Alter von vierzehn bis sechzehn Jahren, schlecht gekleidet und von bleichem Ansehen, liefen ruhelos geschäftig hin und her, um die mit furchtbarer Schnelligkeit arbeitenden Maschinen zu bedienen. Der ganze weite Saal war mit einem trüben, öligen Nebeldunst erfüllt, der aus den staubfeinen, fast unsichtbaren Wollenteilchen gebildet ward, die immerwährend von den Maschinen abflogen. Häufiges abgebrochenes Husten der Arbeitenden fiel jedem Fremden auf und ward auch sogleich von Sloboda und Heinrich bemerkt. Es machte einen fast unheimlichen Eindruck, die vielen schlanken Gestalten stumm und traurig unter den rasselnden Maschinen in dieser brühwarmen, feuchten und fettigen Atmosphäre ewig hüstelnd umherwandern zu sehen, Hände, Gesicht, Kleider und Haare mit feinen Wollenflöckchen bedeckt, die nicht selten an den reizbaren Stellen der Haut ein heftiges Jucken verursachten.

INFO 27: Funktionswert der Beiwörter (Adjektiv I)

1. Das Adjektiv ist als ADNOMEN das nomencharakterisierende Beiwort.
2. Es kann im Rahmen des Satzes als ADNOMEN grundsätzlich drei Funktionen erfüllen:
   - Es übernimmt eine attributive Rolle
     Beispiel: ... mit *furchtbarer* Schnelligkeit
   - Es kann eine prädikative Rolle übernehmen
     Beispiel: ... die Schnelligkeit *ist furchtbar*.
   - Es kann eine präzisierende Rolle übernehmen
     Beispiel: ... mit *außerordentlich großer* Schnelligkeit.
3. Durch seine enge Verwandtschaft mit dem Nomen kann das adnominale Adjektiv leicht von seiner eigenen Wortklasse in die der Nomen überwechseln:
   Beispiele: ruhelos — die Ruhelosen; geschäftig — der Geschäftige; es ist alles gut — alles Gute; es ist nichts gut — nichts Gutes.

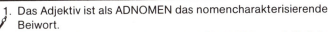

Die attributive und die prädikative Rolle des Adjektivs

GUT
(A) ein guter Schüler
(B) das Zeugnis ist gut
MUSTER

HEITER
— der Himmel (A)
— die Stimmung (B)

FAUL
— Obst (A)
— der Junge (B)

SCHÖN
— die Landschaft (A)
— das Kleid (B)

LAUT
— Musik (A)
— der Motor (B)

Steigerungen

SCHNELL
— Der schnellste Läufer
— Er ist der Schnellste
MUSTER

KLEIN
— der Gewinn
— unser Uli

GESCHICKT
— der Taschendieb
— Diamanten-Willi

Rollenwechsel

BLAU
— Fahrt ins Blaue
MUSTER

GRÜN
— Ausflug ...

UNGEWISS
— Reise ...

TIEF
— Sturz in ...

GUT
— Einigung im ...

LEER
— Fall ins ...

Noch eine Information zum Adjektiv: Auch HELLseher sehen manchmal SCHWARZ!

ARBEITSAUFTRAG

1. Lies den Bericht über eine Fabrikbesichtigung vor rund 150 Jahren.
2. Forme die „nomencharakterisierenden" Beiwörter entsprechend ihrer jeweiligen Rolle um:

attributive Rolle	prädikative Rolle	präzisierende Rolle
sechzehn Jahre	sie *ist sechzehn*	*fast* sechzehn Jahre

1. Schau dir die Beispiele in der Wortliste genau an.
2. Bilde jeweils attributive oder prädikative Ausdrücke nach dem vorgeschriebenen Muster.

WORTGRAMMATIK — ADJEKTIV

Regeln für das Betragen der sowjetischen Schüler

IV.–VIII. Klassen

1. Eigne dir beharrlich Kenntnisse an, lerne fleißig, sei im Unterricht aufmerksam und aktiv. Trage die Hausaufgaben genau in das Schülertagebuch ein und führe sie selbständig aus.
2. Betätige dich in der Schule und zu Hause zum allgemeinen Nutzen. Halte bei der Durchführung von Aufgaben im Werkunterricht und bei praktischen Arbeiten streng die Arbeitsschutzbestimmungen ein.
3. Beteilige dich aktiv an der gesellschaftlichen Tätigkeit der Klasse und der Schule.
4. Hüte das Volksgut, schütze die Natur, gehe sorgsam mit dem gesellschaftlichen Eigentum und den eigenen Sachen um.
5. Betreibe Körperkultur und Sport, beachte die Regeln der persönlichen Hygiene und Sauberkeit in der Schule, zu Hause und in der Öffentlichkeit.
6. Beschäftige dich in der Freizeit mit nützlichen Dingen: mit Lesen, technischem und künstlerischem Schaffen.
7. Halte das Tagesregime ein, achte die eigene Zeit und die der anderen, sei pünktlich und verläßlich.
8. Betrage dich vorbildlich, sei ehrlich, bescheiden, höflich, zuvorkommend, sorgfältig gekleidet.
9. Beachte streng die Straßenverkehrsregeln.
10. Verhalte dich achtungsvoll zu den Eltern und deinen Mitmenschen, sorge dich ständig um alle Familienmitglieder, beteilige dich an den häuslichen Arbeiten.
11. Erfülle gewissenhaft die Anordnungen der Lehrer und anderer Mitarbeiter der Schule, wie auch die Beschlüsse der gesellschaftlichen Organisationen und der Selbstverwaltungsorgane der Schüler.
12. Halte die Ehre deiner Schule und deiner Klasse hoch.

Unterrichtsminister der UdSSR.

INFO 28: Funktionswert der Beiwörter (Adjektiv II)

1. Das Adjektiv ist als ADVERB das verbcharakterisierende Beiwort. Es dient dazu, das geschilderte Satzgeschehen zu charakterisieren.
2. Darüberhinaus kann der charakterisierte Vorgang nach Art und Grad näher gekennzeichnet werden.
3. Das ADVERB kann also 2 Rollen übernehmen:
   - eine adverbiale Rolle
     Beispiel: lerne *fleißig*, höre *aufmerksam* zu ...
   - eine präzisierende Rolle
     Beispiel: er lernt *sehr* fleißig ...
4. Eine interessante Sondergruppe stellen die sog. VERBWIEWÖRTER (adverbale Modalpartikel) dar:
   etwa – nicht – doch – vielleicht – sicherlich ...
   Sie kennzeichnen innere Bedingungen und persönliche Einschätzungen des dargestellten Geschehens:
   Das hast du doch *sicherlich* verstanden?
   Glück allein hat auf die Dauer *doch wohl nur* der Tüchtige.
5. Das „adverbale" Adjektiv erfährt nur durch die Vergleichsform eine Gestaltveränderung:
   Er lernt fleißig. – Er lernt fleißiger. – Er lernt am fleißigsten.

Adjektiv als Adverb und als Adnomen

fleißig lernen — das fleißige Lernen   **MUSTER**

→ aufmerksam zuhören — das ...
→ sich gut betragen — das ...
→ besser lernen — das ...
→ behutsam behandeln — das ...
→ vorbildlich führen — das ...
→ beharrlich aneignen — das ...
→ selbständig ausführen — das ...
→ genau eintragen — das ...
→ nützlich betätigen — das ...
→ streng befolgen — das ...
→ pünktlich erscheinen — das ...
→ vorbildlich betragen — das ...
→ streng beachten — das ...
→ gewissenhaft erfüllen — das ...
→ häufig wiederholen — das ...
→ sauber ausführen — das ...
→ unermüdlich üben — das ...
→ freundlich grüßen — das ...
→ tadellos verhalten — das ...

... dann mach ich doch noch lieber Grammatik!

ARBEITSAUFTRAG

1. Lies die Schulregeln „aus andrer Herren Länder".
2. Schreib die „verbcharakterisierenden" Beiwörter als verbale Wortketten heraus:
   1. *fleißig* lernen; 2. *aufmerksam* zuhören.
3. Präzisiere diese Ausdrücke durch Modalpartikel: 1. *ganz* fleißig lernen; 2. *sehr* aufmerksam zuhören.

---

1. Lies die Beispiele und forme sie nach den vorgeschriebenen Mustern um.
2. Bilde zutreffende Sätze mit den adnominalen und adverbalen Adjektiven:
   Für die Klassenarbeit hat Werner *fleißig gelernt*. Sein *fleißiges Lernen* hat sich gelohnt.

WORTGRAMMATIK — ADJEKTIV

Rötlich fahler Luchs

Aus den kanadischen Wäldern kamen drei Luchse in den Zoo. Man muß auf Zehenspitzen an ihr Gehege pirschen, so scheu sind diese backenbärtigen Fremdlinge mit den schwarzen Pinselohren. Sie huschen beim leisesten Geräusch schnell in die Dunkelheit ihres Schlafkastens.
Einmal überrumpelte ich den stärksten Kater, wie er von seinem Felsennest herunterschlich und das tote Karnickel holt, das ihm zugedacht war. Ganz langsam setzte er seine hohen Ständer vor; der gedrungene Hundeleib wurde sichtbar und der lächerliche Stummelschwanz. Dann knackte sein Fang in das Kaninchen; ein Satz, er lag wieder in der steinernen Mulde und begann lautlos, die Beute aufzuschneiden. Dieweil aus der Luke des Schlafkastens der andere Luchs völlig unbeteiligt sein rundes Gesicht hervorschob, ein fahle, seelenlose Scheibe, mir unverständlich fern, wie von einem anderen Gestirn.

INFO 29: Wirkungsweise des Adjektivs

1. Wer das Adjektiv als Adnomen und Adverb im Rahmen eines Textes erlebt, kann erfahren, daß es eine ganz bestimmte Wirkungsweise besitzt.
2. Die Wortwirkung erfährt der Sprachteilnehmer
   als Anschaulichkeit: backenbärtige Fremdlinge, lächerlicher Stummelschwanz, seelenlose Scheibe ...
   als Eindringlichkeit: ganz langsam setzte ...; völlig unbeteiligt ...; ein sehr langer, spindeldürrer Mann mit eckigen, hastigen Bewegungen ...

Werbewirksame Adjektive

gefriergeschont
trinkfertig
bügelfrei
tropfnaß
tragfest
aussagefähig
qualitätsbewußt
rauchzart
nikotinarm
naturschimmernd
fasertief
programmgenau
blitzschnell
blitzblank
fusselfrei
zukunftssicher
sicherheitsgelenkt
schraubengefedert
scheibengebremst
computerberechnet
leistungsstark
weltweit
sherryfarben
preisvernünftig
schmusezart
kontaktsicher
hochaktiv
urgesund
feinperlig
heißgeliebt
piksauber
spezialgefiltert
aprilfrisch
sensationell
hinreißend
außergewöhnlich
zeitgemäß
aromareich
superweiß
energiesparend

bügelfreie Deklination
zukunftssichere Konjugation
computergesteuerte Wortbildung
spezialgefilterte Texte
aprilfrische Grammatik?

ARBEITSAUFTRAG

2. Ordne die adjektivischen Beispiele nach ihren 4 Funktionen, indem du jeweils einen Ausdruck in die anderen umformst: attributiv   prädikativ   präzisierend   adverbial
   der *fahle* Luchs   Der Luchs ist *fahl*.   *rötlich* fahler Luchs   Der Luchs leuchtet *rötlich*.

1. Lies die Adjektive aus der Werbesprache.
2. Bilde werbewirksame Ausdrücke: der *qualitätsbewußte* Käufer.
3. Stelle Werbesprüche aus Zeitschrift, Rundfunk und Fernsehen zusammen, in denen solche Adjektive vorkommen. Denke nach über die „verführerische" Kraft solcher „Werbewörter".

WORTGRAMMATIK — PRONOMEN

Ein **Käfer** geht aufs Ganze

ER, ein leidenschaftlicher Ralleyfahrer, hat bereits fünf von IHNEN im Training zu Schrott gefahren, als SIE IHM aus Amerika einen „Käfer" mitbringt, DER alles schlagen soll. Aber Bobo weigert SICH, mit DIESER alten Karre auch nur einen Meter zu fahren.
WER würde da nicht sauer sein?! Während einer Trainingsfahrt auf SEINER Teststrecke rächt SICH der Käfer und rammt dabei ein an der Piste stehendes Fahrrad.
Ben, DESSEN Eigentümer, stellt IHN zur Rede. DER ist froh, SEINEN verrückten Käfer loszuwerden, und MAN kommt überein, IHN als Ersatz für das kaputte Fahrrad anzubieten.
Auf der Fahrt nach Daressalam trifft ER auf SIE, seine alte Bekannte Jo. ER stellt IHR SEINEN neuen Freund, den Käfer Dudu, vor und verspricht IHR für IHR Krankenhaus die Siegesprämie, DIE ER unbedingt beim Rennen gewinnen will.
Skeptisch betrachtet SIE IHN ...

Pronomen

Personenfürwörter (Personalpronomen)
ich — du — er / sie / es
wir — ihr — sie

Bestimmungsfürwörter
jemand — man — einer
manche — mehrere — alle
beide — etliche — wenige
einige — ein paar — etwas

Zeigefürwörter (Demonstrativpron.) (hinweis.)
der, die, das
dieser, diese, dieses
jener, jene, jenes
derjenige, diejenige, dasjenige
solcher, solche, solches

Fragefürwörter (Interrogativ)
wer? wessen? wem? wen?
was? welcher? welche?
was für ein?

Bereichsfürwort (possessiv)
mein, meines, meinem, mein ...
dein, deines, deinem, dein ...
sein, seines, seinem, sein ...
ihr, ihres, ihrem, ihr ...
unser, unseres, unseren, unseren ...
euer, euerer, eueren, euer ...
ihr, ihres, ihrem, ihren ...
unserem Hause, mein Hut, eurer Kinder, sein Buch, ihre Sorgen, ihr Vater, deines Hundes ...

Bezugsfürwörter (zuordnende)
der, die das
welcher, welche, welches
der Mann, der ...
das Kind, das ...

INFO 30: Der Stellvertreter: das Pronomen

1. Die PRONOMEN sind „Fürwörter", sie treten für Nomen und Adjektive ein, wenn diese im Satz nicht mehr genannt werden sollen.
2. Die GESTALTFORM des Pronomens ist ähnlich wie die von Nomen und Adjektiv geprägt.
   - durch Geschlechtsform: er — sie — es
   - durch die Zählform: ich — wir
   - durch die Fallform: mir — ihn — ihr
3. Weil das Pronomen als Stellvertreter oder Begleiter keinen eigentlichen BEDEUTUNGSINHALT hat, wird es in der Grammatik FORMWORT genannt.
4. Nach ihrem FUNKTIONSWERT lassen sich die Pronomen in drei Hauptgruppen mit jeweils zwei Untergruppen einteilen:
   - in *benennende* Fürwörter (Personenfürwörter und Bestimmungsfürwörter)
   - in *hinweisende* Fürwörter (Zeigefürwörter und Fragefürwörter)
   - in *zuordnende* Fürwörter (Bereichsfürwörter und Bezugsfürwörter)
5. Der WIRKUNGSWERT der Pronomen besteht darin, daß sie durch stellvertretenden und begleitenden Dienst, durch vor- und rückverweisende Funktionen einen Text knapp und übersichtlich machen helfen.

> Wenige haben zuviel zu sagen, während zu viele zu wenig bestimmen. Das ist manchem nicht genug. Aber sie sind zu wenig. Was kann man da machen?

ARBEITSAUFTRAG

1. Lies den Käfer-Text, achte auf die markierten „Statthalter" und setze passende Nomen ein.
2. Schreibe alle Pro-Nomen heraus und ordne sie ihren 3 Funktionen und 2 Untergruppen zu.
3. Ergänze die Tabelle durch Beispiele aus der Wortliste oder deinem Wörterbuch.

1. Lies die einzelnen Gruppen der „Fürwörter" und ordne sie nach Begleitern und Stellvertretern.
2. Übermale beide Gruppen andersfarbig in irgendeinem Text: Auch Artikel sind Begleiter-Pronomen!

WORTGRAMMATIK — PARTIKEL

Töfftöff
Eine Kalendergeschichte von Hans Stempel und Martin Ripkens

Es war einmal ein Mann, der hatte ein Auto und eine Frau und ein Kind. Wenn der Mann morgens zur Arbeit fuhr, mußte er meistens eine halbe Stunde warten, bis er einen Parkplatz fand, und wenn er abends nach Hause fuhr, ging es ihm nicht anders. So wurde der Mann mit der Zeit immer mürrischer. Und wenn dann noch das Kind kam und ihn bat, mit ihm zu spielen oder ihm etwas vorzulesen oder gar mit ihm spazierenzugehen, wurde der Mann erst recht wütend und verschanzte sich hinter einer großen Autokarte oder ging hinaus, um den Wagen zu waschen.

Da dachte das Kind: Wenn ich ein Auto wäre, würde sich Vater mehr um mich kümmern. Und bald sprach das Kind kein Wort mehr, sondern machte nur noch Wumm und Päng und Töfftöff. Ganz besonders gut konnte es das Quietschen der Reifen in einer Kurve nachmachen oder das Absaufen des Motors an einer Kreuzung. Und am liebsten tat es das am Sonntagmorgen, wenn der Vater noch schlief. Da kriegten die Eltern es mit der Angst zu tun und riefen einen Arzt. Aber der Arzt konnte an dem Kind nichts Außergewöhnliches feststellen. Und auch alle anderen Ärzte, zu denen die Eltern das Kind brachten, fanden nichts heraus. Und das Kind sprach weiterhin kein Wort und machte weiterhin immer nur Wumm und Päng und Töfftöff. Als aber der Vater eines Abends ganz besonders mürrisch nach Hause kam und der Mutter erzählte, sein Auto sei gestohlen worden, da lachte das Kind und konnte mit einemmal auch wieder sprechen.

INFO 31: Der Sache dienlich: Lagewörter

1. Die sog. ursprünglichen Adverbien nennen als LAGEWÖRTER bestimmte Situationsmerkmale des Satzgeschehens: die näheren Umstände.
2. Durch diese „Umstandswörter" wird also eine Sachlage gekennzeichnet.
3. Adverbale Lagewörter haben abstrakte Begriffe (Zeit, Raum, Art und Weise, Grund) zum Inhalt. Weil sie selbst bedeutungsleer und inhaltsarm erscheinen, werden sie zu den FORMWÖRTERN gezählt.
4. Entsprechend ihrem sehr allgemeinen Bedeutungsinhalt erfüllen sie im Satzverband vier Funktionen:
   sie dienen der Zeitangabe — sie dienen der Artangabe
   sie dienen der Ortsangabe — sie dienen der Grundangabe.
5. Eine Sondergruppe stellen die Interjektionen (Empfindungswörter) dar: sie sind gewissermaßen Lagewörter des „Gefühlszustands".

Lagewörter

gestern	gern
darum	hin
oft	her
sehr	deswegen
damit	o nein!
weitaus	flugs
damals	soeben
hier	oben
unten	besonders
dadurch	zu
so	mehr
kurzerhand	pfui!
anfangs	nachts
heute	nie
dorthin	draußen
herauf	herunter
stets	selten
schwerlich	oha!
vielleicht	o weh!
sogar	nirgends
morgens	abends
von oben	vermutlich
meistenteils	au!
zweitens	dergestalt
glücklicherweise	
schlimmstenfalls	
folglich	abwärts
aufwärts	heim
da	dort
vorher	nachher
zeitweise	immer
zuweilen	gelegentlich
trotzdem	dreimal
jederzeit	bisweilen
einstweilen	
vergebens	eilends
seitdem	hierauf
kopfüber	
indessen	dereinst
	zeitlebens

Potz Blitz   rechts igitt!
            links   oh!
   Donnerwetter

Manche meinen lechts und rings kann man nicht velwechsern. Werch ein Illtum!
— meint Ernst Jandl —

ARBEITSAUFTRAG

1. Lies die Kalendergeschichte und achte auf die markierten „Angaben zur Lage".
2. Schreibe diese „Umstandswörter" heraus und ordne sie nach ihren 4 Funktionsklassen:
   Zeitangaben   Raumangaben   Artangaben   Grundangaben
3. Ergänze die Rubriken aus der Wortliste.

1. Lies die Liste der Lagewörter und bilde einige kurze Beispielsätze: *Nachts* sind alle Katzen grau.
2. Suche weiter Beispiele zu angegebenen Empfindungswörtern der Freude, Trauer, des Ärgers, des Staunens usw. und bilde einige Sätze: *Hoppla,* jetzt komm ich!

WORTGRAMMATIK — PARTIKEL

 ## Rund um Rad und Rolle

Präpositionen

gegen Abend, zu Hause auf dem Tisch, im Tor — MUSTER

ab, an, auf, seit, trotz, aus, hinter, in, neben, kraft, mit, nach, samt, zu, außer, ohne, wider, vor, zwischen, für, durch, längs, anstatt, unweit, während, unter, über, gegen, um, von, bei, binnen, innerhalb, laut, außerhalb, nächst, oberhalb, aus, unterhalb, sonder.

Konjunktionen

schlecht und recht
im Wald und auf der Heide;
wir suchten einen Satz, und
wir fanden ihn. — MUSTER

Unsere frühen Vorfahren wohnten in Hütten und lebten von den Pflanzen und Tieren ihrer näheren Umgebung. Sie konnten nicht zu einem Markt oder in den nächsten Ort fahren, um sich Lebensmittel oder Kleidung zu besorgen, weil es keine Fahrzeuge und keine Straßen gab.
Der Mensch schafft an einem Tag 30 Kilometer zu Fuß: So konnte er früher nur etwa 15 Kilometer vom Hause weggehen, wenn er abends wieder zurück sein wollte. Es sei denn, er hatte ein Reittier.
Und warum war das Leben unserer Vorfahren so eingeengt? Das Rad war noch nicht erfunden. Das Rad, ohne das unser Leben heute unvorstellbar wäre.
Die früheste Skizze eines Rades ist ca. 5000 Jahre alt. Sie stammt von einem sumerischen Schreiber und zeigt einen Schlitten mit dicken Holzscheiben als Räder an einer starren Achse. Jedesmal, wenn dieser Wagen um die Kurve fahren wollte, mußte ihn der Kutscher hochheben und herumsetzen.
Aber mit diesem Rad hatten die Sumerer im Land zwischen Euphrat und Tigris die größte technische Erfindung getan. Die ersten Räder waren Vollräder, also volle Scheiben, die man von einem Baumstamm abschnitt wie Wurstscheiben von einer Salami.
Da man Scheibenräder aber nur im ganzen ersetzen konnte, mußte man sich etwas Besseres einfallen lassen.
Die Sumerer fanden eine geniale Lösung: Sie setzten das Rad aus drei Teilen zusammen, die bei einseitiger Abnützung einzeln ausgewechselt werden konnten. Das Ganze wurde mit elastischem Weidengeflecht verbunden.
Brach oder riß ein Teil einmal, so ließ er sich leicht ersetzen.
Mit dem Rad kamen die Straßen, kam der Handel, der Transport und der Verkehr.
Mit dem Rad kam der Fortschritt überhaupt.

und, oder, aber, auch, nur, denn, also, deshalb, darum, außerdem, folglich,

als, daß, so daß, seit, indem, falls, nachdem, bevor, während, obwohl, ob, weil, wenn, damit, bis,

je mehr — desto,
bald — bald,
entweder — oder,
teils — teils,
wie — so.

INFO 32: Im Ordnungsdienst: Fügewörter

1. Gemessen an dem Gesamtwortschatz von etwa 300 000 Wörtern, ist die Zahl der rund 200 Fügewörter sehr niedrig: aber ihr „Gebrauchswert" ist sehr hoch.
2. Als PRÄPOSITIONEN und KONJUNKTIONEN sind die Fügewörter Bindeglieder im Satzverband.
3. Die „Arbeitsgemeinschaft" der präpositionalen und konjunktionalen Fügewörter erfüllt zwei wichtige Funktionen:
   Fügewörter fügen und verfugen Wörter zu Wortgruppen und Sätze zu Satzgefügen
   Fügewörter drücken bestimmte Beziehungen zwischen diesen Spracheinheiten aus.
4. Die Art der Beziehungsverhältnisse läßt sich besonders gut bei den Konjunktionen erkennen:
   entweder stehen die Wörter, Wortgruppen und Sätze zueinander im Verhältnis der BEIORDNUNG (diese Konjunktionen ko-ordinieren die Redeteile): mit dem Bus *oder* der Bahn, mit dem Bus *und* der Bahn
   oder sie sind einander UNTERGEORDNET (diese Konjunktionen sub-ordinieren die Redeteile): ... zu besorgen, *weil* es ...
   ... weggehen, *wenn* er ...

Falls wir uns vorher nicht mehr sehen sollten, darf ich euch schon jetzt fröhliche Weihnachten wünschen. Und ein gutes neues Jahr. Und frohe Ostern. Und alles Gute zum Geburtstag ...!

ARBEITSAUFTRAG

1. Lies den Bericht von der Entstehung der Rolle und des Rades.
2. Schreibe die Fügewörter heraus und ordne sie tabellarisch nach:
   Verhältniswörter (Präpositionen) — Bindewörter (Konjunktionen)

1. Lies die Fügewörter aus der Wortliste und ergänze die Tabelle.
2. Gebrauche diese „Formwörter" in Verbindung mit „Inhaltswörtern", indem du die „Fügewörter" durch Unterstreichen markierst und durch Abkürzungen bestimmst (Präposition = P, Konjunktion = K):
   auf der Bank (P), Geld *oder* Leben (K).